국민대학교 국제교육원
Institute of International Education
Kookmin University

국민 한국어 4
워크북
WORKBOOK

MP3
다운로드

국민대학교 국제교육원
https://iie.kookmin.ac.kr/ko/main

KOOKMIN KOREAN
국민 한국어 4 워크북

국민대학교 국제교육원 한국어교육센터 편

초 판 1 쇄 2019년 12월 16일
초 판 2 쇄 2021년 08월 25일
초 판 3 쇄 2023년 09월 12일
초 판 4 쇄 2025년 08월 14일

편 집 인 국민대학교 국제교육원
집 필 진 노미연, 강보미, 김민혜, 석소현, 신선, 정은주
감 수 이동은, 정연희

발 행 인 정승렬
발 행 처 국민대학교 출판부
등 록 1975년 6월 17일 제6-33호
주 소 서울특별시 성북구 정릉로 77
전 화 02-910-4242
팩 스 02-910-4240

인쇄·편집 삼아인쇄사
전 화 02-2272-2126
삽 화 오정민

ISBN 978-89-7812-451-5 (13700)

값 13,000원

목차

01과 꿈과 미래

어휘 · 표현 1

1. 보기 에서 알맞은 어휘를 골라 문장을 완성하십시오.

보기				
권하다	바라다	극복하다	훌륭하다	관련되다

1) 연습 기간 동안 힘든 일도 많았지만 어려움을 다 __________고 가수의 꿈을 이뤘다.

2) 친구가 쉽게 배울 수 있는 운동을 추천해 달라고 해서 요가를 __________았다/었다.

3) 세계 대회에서 1등을 한 젊은 한국인의 피아노 연주 실력이 아주 __________았다/었다.

4) 내 친구는 의사가 되고 싶은 꿈을 갖고 열심히 공부해서 자신이 __________는 대로 의사가 되었다.

5) 자신의 전공과 __________(으)ㄴ 일을 하면 그 분야를 전혀 모르는 사람보다 빠르고 쉽게 일할 수 있을 것이다.

2. 보기 에서 알맞은 어휘를 골라 다음 글을 완성하십시오.

보기				
분야	적성	재능	전망	흥미

진로를 결정할 때는 다음과 같은 것을 생각해야 한다. 먼저, 자신의 성격을 생각해서 자신의 __________에 맞는 일을 찾아야 한다. 그리고 좋아하는 일을 해야 즐겁게 일할 수 있기 때문에 자신이 그 일에 __________이/가 있는지도 중요하게 생각해 봐야 한다. 또한 아무리 그 일을 좋아해도 능력이 부족하면 성공하기 어렵기 때문에 자신의 __________도 생각해야 한다. 마지막으로 앞으로 __________이/가 밝은 일을 해야 오랫동안 그 __________에서 일하면서 꾸준히 발전할 수 있다.

-고자

1. 다음을 연결하여 한 문장으로 만드십시오.

1) 진로에 대한 상담을 받다 •	• 학교 취업 상담실을 찾아오게 되었다
2) 반 친구들에게 우리 고향 문화를 소개하다 •	• 고향의 명절에 대해서 발표했다
3) 건강을 유지하다 •	• 독서 동아리에 가입했다
4) 전공과 관련된 일을 하다 •	• 매일 1시간씩 수영을 하고 있다
5) 여러 사람들과 좋은 책을 함께 읽다 •	• 이 회사에 지원하게 되었다
6) 우리 대학에 지원할 계획이 있는 학생들에게 정보를 주다 •	• 입학 설명회를 열게 되었다

1) 진로에 대한 상담을 받고자 학교 취업 상담실을 찾아오게 되었습니다.

2) ______________________________.

3) ______________________________.

4) ______________________________.

5) ______________________________.

6) ______________________________.

2. 보기 와 같이 대화를 완성하십시오.

보기

가: 왜 우리 학과에 지원하셨습니까?

나: 아이들을 좋아해서 유치원 교사가 되고자 이 학과에 지원하게 되었습니다.

1) 가: 왜 한국에 왔습니까?

나: ______________________________.

2) 가: 왜 봉사 활동을 하고 있습니까?

나: ____.

3) 가: 왜 아르바이트를 하고 있습니까?

나: ____.

4) 가: 한국어능력시험에서 좋은 점수를 받기 위해 어떻게 노력하고 있습니까?

나: ____.

5) 가: 나중에 무슨 일을 하고 싶습니까? 그것을 위해 지금 어떤 노력을 하고 있습니까?

나: ____.

-는 대로

1. 보기 에서 알맞은 내용을 골라 대화를 완성하십시오.

보기			
~~제가 설명하다~~	제가 하다	지난번에 말씀하셨다	부모가 하다

1) 가: ○○ 씨, 아까 물어본 거 혼자 해 보려고 하니까 잘 안돼서 전화했는데요.

나: 컴퓨터 켜져 있지요? 다시 한 번 설명해 줄 테니까 **제가 설명하는 대로** 해 보세요.

2) 가: 제 친구의 아이가 제 친구랑 똑같이 행동을 해서 깜짝 놀랐어요.

나: 아이는 ______________ 따라 하니까요.

3) 가: 여기까지 만들었는데 그다음에 어떻게 해야 하나요?

나: 제가 하는 것을 잘 보고 ______________ 똑같이 따라 하세요.

4) 가: 선생님께서 ______________ 발표문 내용을 바꿨는데 한번 봐 주세요.

나: 지난번보다 내용이 훨씬 좋아졌네요.

보기

번호 ~~예정~~ 생각 설명

5) 가: 선생님, 내일 비가 와도 문화 체험을 가나요?

나: 그럼요, 버스를 예약해 놓아서 취소할 수 없어요. 예정대로 갈 거예요.

6) 가: 스포츠 댄스를 배운다면서요? 배우기가 쉬워요?

나: 아니요. 쉽게 따라 할 수 있을 것 같은데 ________ 되지 않네요.

7) 가: 스마트폰이 고장 나서 고치러 왔는데요.

나: 번호표를 뽑고 기다리시면 직원이 ________ 부를 겁니다.

8) 가: 이 어려운 수학 문제를 어떻게 풀었어요?

나: 그냥 수업 시간에 잘 듣고 선생님 ________ 문제를 푸니까 답이 나오던데요.

2. 보기 와 같이 대화를 완성하십시오.

보기

가: 요리 학원에 다니려고 하는데 배우기가 어려울까요?

나: 어렵지 않을 거예요. 학원 선생님이 가르쳐 주는 대로 해 보세요.

1) 가: 새로 산 세탁기 사용 방법을 잘 모르는데 어떻게 하면 돼요?

나: 설명서 있지요? ________________________________.

2) 가: 한국어 발음이 안 좋은데 어떻게 하면 좋아질 수 있을까요?

나: ________________________________.

3) 가: 지난번에 마키 씨가 재미있다고 말한 공연 어땠어요?

나: ________________________________.

4) 가: 이번 학기가 끝나면 정말 고향에 돌아갈 거예요? 계획 안 바뀌었어요?

나: ________________________________.

5) 가: 먼저 발표하고 싶은 사람이 없나요? 그럼 발표 순서는 어떻게 정하는 게 좋을까요?

나: ________________________________.

어휘·표현 2

1. 보기 에서 알맞은 어휘를 골라 문장을 완성하십시오.

보기				
피하다	새우다	선택하다	포기하다	자유롭다

1) 혼자 살면 외로울 때도 있지만 뭐든지 제 마음대로 할 수 있어서 ________아요/어요.

2) 제가 여러 번 전화했는데 친구가 전화를 받지 않아요. 저를 ________는/(으)ㄴ 것 같아서 기분이 안 좋아요.

3) 전공을 고를 때는 인기 있는 전공보다 자신이 하고 싶은 것을 ________는/(으)ㄴ 게 좋아요.

4) 내일이 시험인데 그동안 공부를 전혀 안 해서 오늘은 밤을 ________아야/어야 할 것 같아요.

5) 일이 힘들어도 하다가 중간에 ________지 말고 끝까지 최선을 다하세요.

2. 보기 에서 알맞은 어휘를 골라 다음 자기소개서를 완성하십시오.

보기				
활동	무역	발전	재학	자격증

안녕하십니까? 제 이름은 장핑이라고 합니다. 저는 지금 한국대학교 경영학과에 ________ 중입니다. 평일에는 학교에 가서 강의를 듣고 주말에는 컴퓨터 ________을/를 따기 위해 학원에 다닙니다. 다양한 경험을 쌓기 위해 적극적으로 동아리 ________도 하고 있습니다. 지금 세계는 여러 분야에서 활발하게 교류하고 있습니다. 이러한 국제화 시대에 맞추어 저는 대학교를 졸업한 후에 ________ 회사에 취직을 하고 싶습니다. 한국과 중국을 오고 가며 두 나라의 경제 ________에 도움이 되고 싶습니다.

-았더라면/었더라면

1. 보기 와 같이 문장을 바꾸십시오.

보기

표를 미리 예약하지 못해서 영화를 보지 못했다.

→ 표를 미리 예약했더라면 영화를 봤을 것이다.

1) 어제 술을 많이 마시고 나서 스마트폰을 잃어버렸다.

→ ______________________________.

2) 비행기 출발 시간을 잘 확인하지 않아서 비행기를 놓쳤다.

→ ______________________________.

3) 수업 시간에 선생님 설명을 잘 듣지 않아서 시험을 못 봤다.

→ ______________________________.

4) 한국에 와서 우리 반 친구들을 만날 수 있었다.

→ ______________________________.

5) 면접시험을 잘 본 덕분에 취직을 할 수 있었다.

→ ______________________________.

6) 지난번 여행을 갔을 때 비가 와서 재미있게 놀지 못했다.

→ ______________________________.

2. 보기 와 같이 대화를 완성하십시오.

보기

가: 아직 발표 준비 못 했어요?

나: 네, 컴퓨터가 고장 나서요. 컴퓨터가 고장 나지 않았더라면 벌써 끝났을 텐데요.

1) 가: 오늘은 늦지 않고 일찍 왔네요. (전화해 주지 않다 – 오늘도 늦다)

나: 아침에 친구가 전화해 줬어요. ______________________________.

2) 가: 어젯밤 시장에서 불이 났는데 사람은 없었나 봐요. (사람이 있다 – 큰일 나다)

나: 다행이네요. ____.

3) 가: 표정이 안 좋아 보이는데 무슨 일 있어요? (조금만 참다 – 좋다)

나: 친구랑 싸웠어요. ____.

4) 가: 학교 근처 마트에서 이거 싸게 팔던데 왜 명동에 가서 샀어요?

나: 몰랐어요. ____.

5) 가: 어제 왜 파티에 오지 않았어요? 재미있었는데…….

나: 중요한 약속이 있었어요. ____.

–(으)려다가

1. 보기 에서 알맞은 상황을 골라 대화를 완성하십시오.

보기

- ~~영화를 볼 계획이었다. 그런데 귀찮아서 집에 있었다.~~
- 안 먹을 계획이었다. 그런데 이따가 시간이 없을 것 같아서 먹고 왔다.
- 책을 읽고 잘 계획이었다. 그런데 피곤해서 그냥 잤다.
- 직접 만들 계획이었다. 그런데 힘들 것 같아서 시켜 먹기로 했다.
- 고백할 계획이었다. 그런데 용기가 안 나서 못 했다.
- 경영학과에 지원할 계획이었다. 그런데 흥미가 별로 없어서 영어학과로 바꿨다.

1) 가: 주말에 영화를 본다고 했는데 잘 봤어요?

나: 아니요, **영화를 보려다가 귀찮아서 집에 있었어요.**

2) 가: 왜 지원할 전공을 바꿨어요?

나: ____.

3) 가: 어제 그 사람한테 고백했어요?

나: 아니요, ____.

4) 가: 오늘은 밥을 먹고 왔네요.

나: 네, ____.

5) 가: 어젯밤에도 책을 읽고 잤어요?

나: ____.

6) 가: 생일 파티 때 음식을 어떻게 할 거예요?

나: ____.

2. 보기 와 같이 대화를 완성하십시오.

> 보기
>
> 가: 선생님한테 궁금한 점을 물어봤어요?
>
> 나: **물어보려다가** 시간이 없어서 못 물어봤어요.

1) 가: 우산 가지고 왔어요? (가지고 오다)

나: 아니요, ____________________ 말았어요.

2) 가: 올해 차를 산다고 했지요? 어떤 차를 살 거예요? (사다)

나: 안 살 거예요. 이번에 ____________________ 돈을 좀 더 모아서 내년에 사기로 했어요.

3) 가: 지난 방학에 할 계획이었는데 하지 않은 일이 뭐예요? (고향에 가다)

나: ____________________ 방학이 짧아서 안 갔어요.

4) 가: 어제 등산 잘 했어요?

나: ____.

5) 가: 기다리고 있었네요. 먼저 안 갔어요?

나: ____.

듣고 말하기

1. 잘 듣고 문장을 완성하십시오.

1) 01-1

저는 어렸을 때부터 만화책을 좋아했습니다. 만화책을 읽는 것도 좋아하고 (①) 따라 그리는 것도 아주 잘했어요. 그래서 저는 그 분야에 (②) 알았습니다. (③) 선생님께서는 저에게 과학과 관련된 전공을 추천하셨어요. 그렇지만 제 꿈은 만화가가 되는 것이었기 때문에 (④) 만화학과에 진학했지요.

2) 01-2

처음 대학생이 됐을 때는 대학 생활에 대한 (①). 전공 공부도 열심히 하고 (②) 많이 하겠다고 마음먹었습니다. 하지만 (③) 생각하지 않은 전공이라서 내용도 재미없고 열심히 하기도 힘들었어요. 결국 저는 1년 만에 (④) 내년에 다시 입학하려고 준비하고 있습니다. 처음부터 저에게 맞는 전공을 선택했더라면 (⑤). 그때 (⑥) 너무 후회됩니다.

읽고 말하기

1. 다음을 읽고 ㉠~㉣에 알맞은 것을 보기 에서 찾아 쓰십시오.

보기

교육 과정　　전공 특징　　교육 목표　　졸업 후 진로

한국어 전공

㉠

- 한국어 능력을 기른다.
- 한국어를 가르칠 수 있는 능력을 기른다.

㉡

- 한국어 교사 2급 자격증을 받을 수 있음.
- 해외 대학과 활발하게 교류함.

㉢	㉣
– 한국어, 한국 문학, 한국 문화에 대한 수업 – 한국어 교육에 대한 수업	– 한국어 교사, 번역가, 통역사, 기자 – 한국 회사나 해외 무역 회사의 직원

2. 다음을 읽고 내용을 정리하십시오.

두 분 모두 미래를 위해 열심히 공부하고 계시는데요. 졸업 후 계획은 어떻게 됩니까?

저는 아까 말씀드린 대로 한국어 교사가 꿈입니다.

저는 통역사가 돼서 한국과 필리핀의 관계 발전에 도움이 되는 일을 하고 싶습니다.

대학에 들어온 후에 달라진 것이 있다면 말씀해 주세요.

대학 생활은 한국어교육센터를 다닐 때보다 훨씬 자유로워요. 그런데 스스로 시간을 잘 관리해야 합니다. 그게 좀 힘들어요.

대학에서는 관심 분야에 대해 깊이 공부할 수 있습니다. 그래서 저는 대학 수업을 들으면서 한국에 대해 더 많이 이해하게 되었어요.

마지막으로 꿈을 위해 한국어교육센터에서 공부하고 있는 후배들에게 한 말씀 해 주세요.

저는 한국어교육센터에서 4급까지 공부했는데 그때 배운 것이 대학에 와서 큰 도움이 됐어요. 지금의 노력이 여러분의 미래에 큰 힘이 될 것입니다. 노력하면 못 할 일이 없으니까 항상 최선을 다하세요.

피할 수 없으면 즐기라고 했습니다. 지금 유학 생활이 힘들겠지만 미래를 꿈꾸면서 즐겁게 지냈으면 좋겠습니다.

임부림 ( )

꿈:

대학 입학 후 달라진 점:

후배들에게 하고 싶은 말:

제레미아 아반토 ( )

꿈:

대학 입학 후 달라진 점:

후배들에게 하고 싶은 말:

02과 대인 관계

어휘 · 표현 1

1. 보기 에서 알맞은 어휘를 골라 문장을 완성하십시오.

보기				
격려하다	충고하다	과로하다	인정받다	설득하다

1) 처음에는 부모님이 유학을 반대하셨는데 부모님을 __________아서/어서 한국에 올 수 있었다.

2) 중요한 경기를 앞두고 긴장한 선수에게 평소처럼 잘할 수 있을 거라고 __________아/어 줬다.

3) 동생이 오늘도 약속을 지키지 않았다. 그래서 동생에게 이렇게 약속을 안 지키면 아무도 너를 믿지 않을 거라고 __________았다/었다.

4) 마키는 회사에서 능력을 __________아서/어서 우수 사원으로 뽑혔다.

5) 며칠 동안 계속 밤늦게까지 __________았더니/었더니 건강이 나빠진 것 같다.

2. 보기 에서 알맞은 표현을 골라 다음 글을 완성하십시오.

보기				
아픔에 공감하다	생각을 존중하다	마음을 표현하다	진심으로 대하다	겸손하게 행동하다

내 친구 윤아는 보고 배울 점이 많은 친구이다. 잘하는 것이 많은데도 자랑하지 않고 늘 __________고 다른 사람들의 __________ㄴ다/는다. 그리고 윤아는 항상 마음을 열고 사람들을 __________ㄴ다/는다. 그래서 나는 윤아가 조언해 줄 때 잘 듣는다. 얼마 전에 내가 교통사고를 당해서 힘들어하고 있을 때 윤아는 자신도 그런 일이 있었다고 하면서 내 __________아/어 주었다. 힘들 때 이렇게 내 마음을 이해해 주는 사람이 있어서 정말 힘이 되었다. 오늘은 그동안 고마웠던 __________(으)려고 윤아를 저녁 식사에 초대했다. 앞으로 나도 윤아에게 도움을 줄 수 있는 친구가 되고 싶다.

-더니[1]

1. 다음을 연결하여 한 문장으로 만드십시오.

1) 친구가 어제 옷을 얇게 입고 오다 • ——	• 감기에 걸렸다
2) 동생이 매일 밤에 햄버거를 먹다 •	• 영어 번역가가 되었다
3) 형이 어렸을 때부터 영어를 잘하다 •	• 한국어 표현을 많이 알게 됐다
4) 마리 씨가 요리 학원에 다니다 •	• 살이 많이 쪘다
5) 친구가 한국 드라마를 자주 보다 •	• 친구가 많아졌다
6) 압둘라 씨가 동아리에 들다 •	• 요리 실력이 늘었다

1) 친구가 어제 옷을 얇게 입고 오더니 감기에 걸렸다.

2) ______________________.

3) ______________________.

4) ______________________.

5) ______________________.

6) ______________________.

2. 보기 와 같이 대화를 완성하십시오.

"일이 많아요."	"마키 씨를 만날 거예요."	"주말에 이사해요."
"태권도를 배워요."	~~"몸이 안 좋아요."~~	"방학 때 제주도에 갈 거예요."

보기

가: 몸이 안 좋다고 하더니 지금은 좀 나아졌어요?

나: 네, 오늘은 많이 괜찮아졌어요.

1) 가: ____?

나: 네, 요즘도 일이 많아요. 어제도 밤늦게까지 일했어요.

2) 가: ____?

나: 아직 비행기표를 예매하지 못했어요. 오늘 알아보려고요.

3) 가: ____?

나: 아니요, 어제 못 만났어요. 마키 씨가 급한 일이 생겼다고 연락이 왔어요.

4) 가: ____?

나: 네, 태권도 학원 선생님이 잘 가르쳐 주셔서 재미있게 배우고 있어요.

5) 가: ____?

나: 네, 친구들이 도와줘서 이사 잘 했어요.

(이)며 (이)며

1. 다음 문장을 완성하십시오.

나는 명동에 가는 것을 좋아한다. 거기에는 __옷 가게며 식당이며__ 없는 가게가 없기 때문이다. 처음 명동에 갔을 때는 ____________ 외국 사람들이 많아서 깜짝 놀랐다. 이렇게 여러 나라 사람이 많아서 명동에 가면 ____________ 여러 나라의 언어를 들을 수 있다. 그리고 무엇보다 내가 명동을 좋아하는 이유는 다니다 보면 맛있는 음식을 파는 가게가 많기 때문이다. 길에서 ____________ 맛있는 음식들을 많이 판다. 나중에 가족들이 한국에 오면 명동에 꼭 같이 가고 싶다.

2. 보기 와 같이 대화를 완성하십시오.

보기

가: 요즘 시험 기간이라서 바쁘지요?

나: 네, 단어며 문법이며 공부할 게 너무 많아요.

1) 가: 뭘 그렇게 많이 샀어요?

나: 내일 룸메이트 생일이라서 ____________ 이것저것 많이 샀어요.

2) 가: 맛있는데 이거 왜 안 먹어요?

나: 아까 ____________ 많이 먹었더니 배가 부르네요.

3) 가: 대학교에 지원할 때 필요한 서류는 다 준비했어요?

나: 아니요, ____________ 준비할 게 정말 많아요.

4) 가: 지갑을 잃어버렸다면서요?

나: 네, ____________ 그 안에 다 들어 있는데 큰일이에요.

5) 가: 어머니께 드릴 선물을 사려고 하는데 어디에 가 보면 좋을까요?

나: 동대문 시장에 가 보세요. ____________.

6) 가: 제프리 씨는 여러 나라의 문화를 많이 알고 있더라고요. 여행을 많이 했나 봐요.

나: 네, ____________.

어휘·표현 2

1. 보기 에서 알맞은 어휘를 골라 문장을 완성하십시오.

보기				
지능	면담	위로	관련	지식

1) 대학교 입학시험에서 떨어진 친구에게 진심으로 __________을/를 해 줬다.

2) 책을 읽으면 모르는 것을 알게 되고 많은 __________을/를 얻을 수 있기 때문에 좋다.

3) 진로 때문에 고민이 되어서 교수님께 __________ 신청을 했다.

4) 그 학생은 __________이/가 높지만 학교 시험에서는 좋은 점수를 받지 못했다.

5) 발표를 준비하기 위해서 발표 주제와 __________이/가 있는 책을 찾으러 도서관에 갔다.

2. 보기 에서 알맞은 어휘를 골라 다음 대화를 완성하십시오.

보기				
참석하다	제출하다	여쭤보다	실망시키다	풍부하다

1) **가:** 어제 회의에서 중요한 이야기가 많이 나왔어요?

나: 저는 어제 출장을 가느라고 회의에 __________지 못했어요. 윤아 씨에게 한번 물어보세요.

2) **가:** 왜 부모님께 시험을 잘 봤다고 거짓말을 했어요?

나: 저를 항상 응원해 주신 부모님을 __________고 싶지 않았어요.

3) **가:** 선생님, 발표문은 언제까지 내면 되나요?

나: 다음 주 월요일까지 __________아/어 주세요.

4) **가:** 알렉세이 씨의 장점은 무엇입니까?

나: 저는 이 일과 관계가 있는 아르바이트를 많이 해 봐서 경험이 __________ㅂ니다/습니다.

5) **가:** 학교에서 한국의 옛날 문화에 대해 조사해 오라고 했는데 누구한테 물어보면 좋을까?

나: 이따가 할아버지가 오시면 할아버지께 __________는 게 어때?

-느니 차라리

1. 보기 와 같이 문장을 쓰십시오.

보기

시험 전에 밤을 새우다 < 오늘 밤을 새우다

→ 시험 전에 밤을 새우느니 차라리 오늘 밤을 새울래요.

1) 친하지 않은 사람과 같이 밥을 먹다 < 혼자 밥을 먹다

→ ______________________________.

2) 그 사람에게 사과하다 < 앞으로 안 보다

→ ______________________________.

3) 일에 서투른 후배를 시키다 < 내가 직접 하다

→ ______________________________.

4) 다른 사람이 그 일을 알게 될까 봐 걱정하다 < 내가 먼저 사실을 말하다

→ ______________________________.

5) 하는 일도 없는데 놀다 < 청소하다

→ ______________________________.

6) 많은 돈을 가지고 불안하게 살다 < 적은 돈을 가지고 마음 편하게 살다

→ ______________________________.

2. 보기 와 같이 대화를 완성하십시오.

보기

가: 너무 졸려요. 저는 의자에 앉아서 잘래요.

나: 의자에 앉아서 불편하게 자느니 차라리 안 자는 게 나아요.

1) 가: 어제 동생하고 싸웠는데 하루 종일 연락이 안 오네요. (먼저 연락하다)

나: 그렇게 계속 신경 쓰느니 차라리 ______________________________.

2) 가: 요즘 주말에도 출근해야 해서 너무 힘들어요. (회사를 그만두다)

나: 주말에 출근하는 회사를 다니느니 차라리 ______________________________.

3) 가: 경영학과에 지원하면 떨어질 것 같아서 포기하려고요. (떨어져도 지원이라도 해 보다)

나: 지원도 안 해 보고 포기하느니 차라리 ______________________________.

4) 가: 그 사람을 좋아하지 않지만 그 사람은 월급도 많고 집도 있으니까 결혼하려고요.

나: 조건만 보고 사랑하지 않는 사람과 결혼하느니 차라리 ______________________.

5) 가: 사이가 좀 어색한 친구들이랑 여행을 가게 되어서 걱정이에요.

나: 불편한 사람들과 여행을 가느니 차라리 ______________________________.

-기에는

1. 다음 그림을 보고 대화를 완성해 보세요.

보기

가: 답답한데 산책하러 갈까요?

나: 산책하기에는 너무 더운 날씨예요.

1)

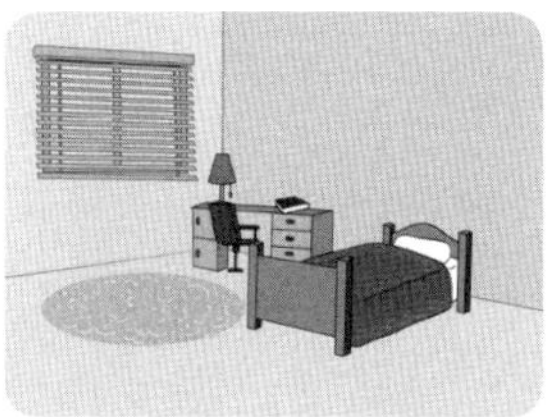

가: 새로 이사한 집은 어때요? (혼자 살다 – 크다)

나: ______________________________.

2)

가: 제가 도와줄게요. (혼자 들다 – 무겁다)

나: 고마워요. ______________________________.

3)

가: 이 수학 책 너한테 줄까? 좋은 문제가 많아. (내가 풀다 – 어렵다)

나: ______________________________.

4)

가: 왜 차 안 마시고 있어요?

나: 조금 이따가 마시려고요. 지금 ______________________

____.

5)

가: 저 강에서 아이들이 수영해도 괜찮을까요? 위험할 것 같아요.

나: 네, 물이 깊어서 ______________________________.

2. 보기 와 같이 대화를 완성하십시오.

> **보기**
>
> 가: 일본에 여행을 가는데 비행기표가 비싸서 배를 타고 가려고요.
>
> 나: 일본까지 **배를 타고 가기에는** 좀 힘들 것 같은데요.

1) 가: 이 소설책 진짜 재미있어요. 한번 읽어 볼래요?

나: 제가 아직 한국어를 잘 못해서 제가 ______________ 좀 어려울 것 같아요.

2) 가: 제가 차가 있으니까 집에 갈 때 같이 타면 돼요.

나: 사람이 5명이나 있어서 ______________ 좀 좁을 것 같아요.

3) 가: 아까부터 인터넷 쇼핑몰에서 계속 노트북만 찾아보고 있네요. 사려고요?

나: 필요하긴 한데 제 용돈으로 ______________ 비싸서 고민이에요.

4) 가: 투이 씨가 이 일을 하면 좋지 않을까요?

나: 투이 씨가 일을 잘하기는 하지만 이렇게 중요한 일을 ______________ 경험이 부족해요.

5) 가: 장핑 씨, 미안한데 이리나 씨에게 내일 1시간 일찍 오라고 이야기해 줄 수 있어요?

나: 네? 얼마 전에 이리나 씨랑 싸워서 제가 ______________ 좀 불편한데요.

6) 가: 내일 등산 간다고 했지요? 제 등산화 빌려줄까요?

나: 정말 고마워요. 그런데 제가 ______________ 좀 클 것 같아요.

듣고 말하기

1. 잘 듣고 문장을 완성하십시오.

1) 🎧 02-1

> 우선 슬프거나 (①) 처음부터 조언을 하거나 자신의 경험을 말하는 것은 좋은 방법이 아닙니다. (②) 아무 말도 안 하는 게 나을 수 있습니다. 그러니까 가장 좋은 위로 방법은 상대방의 말을 잘 들어 주면서 상대방의 (③) 것입니다. 그 다음에 상대방이 원하면 (④) 좋겠지요.

2) 🎧 02-2

> **남자** 그래서 어떻게 됐는데?
>
> **여자** 결과가 재미있어. (①) 새로운 문제를 선택할 때 더 잘 풀 수 있는 쉬운 문제를 선택하고, (②) 스스로 배울 수 있는 더 어려운 문제를 선택했대.
>
> **남자** 생각하지 못한 결과인데? 똑똑하다고 칭찬을 받은 아이들은 다른 사람들을 (③).
>
> **여자** 맞아. 그래서 다른 사람을 칭찬할 때는 (④) 칭찬해 줘야 한다고 했어.

읽고 쓰기

1. 다음을 읽고 ㉠~㉤에 알맞은 것을 (보기) 에서 찾아 쓰십시오.

보기

양해를 구하다	끝인사를 쓰고 이름을 쓰다	감사의 마음을 표현하다
메일의 중요한 내용을 간단히 적다	듣는 과목과 전공, 학번, 이름을 쓰다	

1. 제목에는 자신이 누구인지 밝히고 ㉠____________________는 게 좋습니다.
2. 메일 내용을 시작할 때 'ㅇㅇㅇ 교수님께'라고 씁니다.
3. 그다음에는 자기소개를 씁니다. 여기에는 ㉡____________________ㅂ니다/습니다.
4. 교수님 수업에 대한 ㉢____________________ㅂ니다/습니다.
5. 이메일을 보내는 목적을 씁니다. 먼저 결석에 대한 메일을 보낼 때는 결석하는 이유를 자세하게 설명하고 ㉣____________________ㅂ니다/습니다. 두 번째로 교수님과 약속을 정할 때는 교수님이 시간을 선택하실 수 있게 적는 것이 좋습니다.
6. 마지막으로 ㉤____________________ㅂ니다/습니다. 끝인사에는 감사 인사와 건강에 대한 이야기를 쓰기도 합니다. 마지막에 자신의 이름을 쓸 때는 'ㅇㅇㅇ 올림'이라고 쓰면 됩니다.

2. 다음을 읽고 ㉠~㉣에 알맞은 것을 보기 에서 찾아 쓰십시오.

보기

바쁘신 중에 다름이 아니라 교수님께서 가능하시다면 그 시간에 맞추도록 하겠습니다

김지수 교수님께,

안녕하세요, 교수님.

저는 '한국의 건축' 수업을 듣고 있는 건축학과 20191234 장핑입니다.

항상 교수님의 수업을 통해 건축학에 대한 새로운 지식을 얻고 있습니다. 감사드립니다.

㉠____________________ 교수님께 여쭤보고 싶은 것이 있습니다. 그런데 수업 시간에 질문을 드리기에는 내용이 많습니다. 그래서 ㉡____________________ 교수님 연구실로 잠깐 찾아뵙고 싶습니다. 가능한 시간을 알려 주시면 제가 ㉢____________________.

㉣____________________ 메일을 읽어 주셔서 감사합니다.

날씨가 쌀쌀해졌는데 감기 조심하세요.

장핑 올림

03과 함께 사는 삶

어휘·표현 1

1. 보기 에서 알맞은 어휘를 골라 문장을 완성하십시오.

보기				
걱정스럽다	사랑스럽다	자랑스럽다	조심스럽다	부담스럽다

1) 지하철에서 다른 사람들한테 소리가 들릴까 봐 __________게 전화를 받았다.

2) 사람들이 이번에도 내가 1등을 할 것 같다고 기대하는 것이 너무 __________다.

3) 친구가 대학교 면접시험을 못 봐서 떨어질 것 같다고 __________게 말했다.

4) 동생이 노래 대회에서 상을 받았다는 소식을 듣고 동생이 정말 __________았다/었다.

5) 친구들과 함께 밝게 웃고 있는 아이가 __________아/어 보였다.

2. 보기 에서 알맞은 표현을 골라 다음 글을 완성하십시오.

보기				
결연하다	기부하다	봉사하다	배려하다	보람을 느끼다

요즘 혼자 사시는 어르신의 집이나 유기견 보호소 등에 찾아가서 __________는 사람들이 많아졌다. 또한 돈, 물품, 재능 등 자신이 가진 것을 다른 사람과 나누기 위해 __________는 방법도 다양해지고 있다. 나도 몇 달 전부터 부모님이 없는 아이들과 __________아서/어서 도움을 주고 있다. 나의 작은 도움으로 아이가 자신만을 생각하지 않고 타인을 __________(으)ㄹ 줄 아는 어른으로 자란다면 __________(으)ㄹ 수 있을 것 같다.

-다 보니

1. 보기 와 같이 문장을 완성하십시오.

보기

날마다 한국말을 연습하다 / 말하기 실력이 좋아졌다

→ 날마다 한국말을 연습하다 보니 말하기 실력이 좋아졌어요.

1) 쉬지 않고 열심히 일하다 / 건강이 나빠졌다

→ ______________________________.

2) 매운 음식을 자주 먹다 / 잘 먹게 되었다

→ ______________________________.

3) 한국 드라마를 자주 보다 / ______________

→ ______________________________.

4) 날마다 컴퓨터 게임을 하다 / ______________

→ ______________________________.

5) ______________ / 아는 것이 많아졌다

→ ______________________________.

6) ______________ / 살이 많이 빠졌다

→ ______________________________.

2. 보기 와 같이 대화를 완성하십시오.

보기

가: 지난번에는 인도 음식을 안 먹었잖아요. 이제는 잘 먹네요.

나: 인도 친구가 있어서 자주 먹다 보니 잘 먹게 되었어요.

1) 가: 반 친구들이랑 친한 것 같은데 어떻게 친해졌어요?

나: ______________________________.

2) 가: 아까 보니까 춤을 잘 추는데 어떻게 잘 추게 되었어요?

나: ______________________________.

3) 가: 이 불고기를 직접 만들었어요? 요리 실력이 많이 늘었네요.

나: ______________________________.

4) 가: 한국 노래를 잘 부르네요. 가사를 어떻게 외웠어요?

나: ______________________________.

5) 가: 기숙사가 작아서 이사하고 싶다고 하더니 왜 아직도 기숙사에서 살아요?

나: ______________________________.

-아/어 가면서

1. 다음을 연결하여 한 문장으로 만드십시오.

1) 공부만 하지 말고 취미 생활을 하다 •	• 지내는 게 좋겠어요
2) 이 책에서 관련 정보를 찾다 •	• 결혼 준비를 하세요
3) 커피를 마시다 •	• 발표를 준비해 보세요
4) 남자 친구와 이야기를 하다 •	• 일하면 잠이 깰 거예요
5) 회원들의 생각도 듣다 •	• 살면 보람을 느낄 수 있습니다
6) 다른 사람들을 돕다 •	• 동아리 일정을 정하도록 해요

1) 공부만 하지 말고 취미 생활을 해 가면서 지내는 게 좋겠어요.

2) ______________________________.

3) ______________________________.

4) ______________________________.

5) ______________________________.

6) ______________________________.

2. 보기 와 같이 대화를 완성하십시오.

보기

가: 일하느라고 책상 앞에서 움직이지 않았더니 목이 아프네요.

나: 오랫동안 움직이지 않으면 안 좋아요. 스트레칭도 해 가면서 일하세요.

1) 가: 시험 준비 때문에 바빠서 밥을 못 먹을 때가 많아요.

나: 그렇게 식사를 안 하면 큰일 나요. ______________________.

2) 가: 이 카메라의 사용 방법을 잘 모르겠어요.

나: 요즘은 인터넷에 정보가 다 있어요. ______________________.

3) 가: 오늘 수업 시간에 배운 문법을 벌써 잊어버렸어요.

나: 듣기만 하면 금방 잊게 돼요. ______________________.

4) 가: 어떻게 하면 재미있게 살 수 있을까요?

나: ______________________ 살면 재미있지 않을까요?

5) 가: 공부하다가 이해할 수 없는 문법이 있으면 어떻게 해야 해요?

나: ______________________.

어휘·표현 2

1. 보기 에서 알맞은 어휘를 골라 문장을 완성하십시오.

보기				
머무르다	단장하다	안타깝다	지켜보다	초라하다

1) 첫 데이트가 있는 날이어서 이른 아침부터 예쁘게 __________았다/었다.

2) 선생님은 학생들의 발표를 자세히 __________(으)면서 꼼꼼하게 메모를 했다.

3) 제주도에 여행을 갔을 때는 거기에 사는 대학교 동창 집에서 __________았다/었다.

4) 전에는 멋있었던 친구가 너무 __________는/(으)ㄴ 모습으로 나타나서 마음이 아팠다.

5) 부모님이 사고로 돌아가셔서 할머니와 같이 살고 있다는 아이의 이야기를 들으니 __________는/(으)ㄴ 마음이 들었다.

2. 보기 에서 알맞은 표현을 골라 다음 글을 완성하십시오.

보기				
이웃	세상	늘어나다	후원하다	미소 짓다

한 달에 삼만 원을 기부하면 혼자 지내는 어르신들에게 매달 필요한 물건을 보낼 수 있다고 해서 어르신들을 ______________기로 했다. 많은 돈이나 좋은 재능으로 ______________을/를 돕는 것도 필요하지만 이런 작은 나눔이 주변 사람들을 ______________게 만든다고 생각한다. 이처럼 타인을 생각하는 문화가 앞으로도 꾸준히 ______________ㄴ다면/는다면 살기 좋은 ______________이/가 될 것 같다.

-자

1. 다음을 연결하여 한 문장으로 만드십시오.

1) 밤이 되다	•———•	날씨가 쌀쌀해지다
2) 전화를 받다	• •	다른 아이들도 따라 울다
3) 한 아이가 울기 시작하다	• •	지금 생각 중이라고 대답하다
4) 어렸을 때 내 사진을 보여 주다	• •	어머니의 밝은 목소리가 들리다
5) 한국어능력시험 6급을 받게 되다	• •	친구들이 큰 소리로 웃기 시작하다
6) 동생에게 졸업 후 계획이 뭐냐고 묻다	• •	한국어에 대한 자신감이 더 커지다

1) 밤이 되자 날씨가 쌀쌀해졌다.

2) ______________________________.

3) ______________________________.

4) ______________________________.

5) ______________________________.

6) ______________________________.

2. 보기 에서 알맞은 어휘를 골라 다음 이야기를 완성하십시오.

보기

보다 잡다 나누다 들어가다 ~~도착하다~~

부모님이 없는 아이들이 모여서 살고 있는 곳에 봉사 활동을 다녀왔다. 봉사 활동이 처음이어서 그곳에 도착하자 걱정이 되기 시작했다. 그렇지만 잘할 수 있다고 생각하면서 안으로 __________ 아이들의 웃는 얼굴이 보였는데 그 얼굴을 __________ 마음이 편안해졌다. 같이 책도 읽고 놀면서 여러 가지 이야기를 __________ 마치 동생 같은 생각이 들었다. 집으로 돌아올 때 한 아이가 다음에도 꼭 오라고 하면서 내 손을 __________ 눈물이 날 것 같았다.

만 하다

1. (보기) 에서 알맞은 표현을 골라 대화를 완성하십시오.

보기					
주먹	운동장	손바닥	쥐꼬리	단춧구멍	모기 소리

1) 가: 어제 모임에 바트 씨 여자 친구도 왔다면서요?

나: 네, 얼굴이 진짜 작아서 **주먹만 하던데요.**

2) 가: ㅇㅇ 씨가 다니는 회사는 일이 편하다고 들었어요.

나: 일이 편하긴 한데 월급이 ______________아서/어서 월세 내기도 힘들어요.

3) 가: 이리나 씨 집 어땠어요? 이사하고 자기 집이 좋다고 날마다 자랑했잖아요.

나: 진짜 좋아요. 방이 ______________아서/어서 축구도 할 수 있겠던데요.

4) 가: 새로 온 룸메이트는 괜찮아요?

나: 친절한데 목소리가 ______________아서/어서 하는 말이 잘 안 들려요.

5) 가: 가족 사진이에요? 제프리 씨랑 동생은 얼굴이 많이 다르네요.

나: 네, 저는 눈이 큰데 동생은 눈이 ______________아요/어요.

6) 가: 기숙사는 학교에서 가깝고 싼데 왜 이사하려고 해요?

나: 방이 ______________(으)ㄴ데 4명이 같이 사니까 너무 불편해서요.

2. 보기 와 같이 대화를 완성하십시오.

보기

가: 강아지를 키운다면서요? 작은 강아지예요?

나: 네, 이 가방만 한데 정말 귀여워요.

1) 가: 알렉세이 씨 동생도 키가 커요? (제 키)

나: 네, ________________(으)ㄴ데 저보다 뚱뚱해요.

2) 가: 부동산에서 보여준 방은 어땠어요? (우리 교실 반)

나: ________________(으)ㄴ데 깨끗하고 조용했어요.

3) 가: 요즘 아이들은 우리 때에 비해서 키가 참 큰 것 같아요. (고등학생)

나: 맞아요. 우리 아랫집에 사는 초등학생도 진짜 ________________________.

4) 가: 잃어버린 가방에 대해서 설명해 주십시오.

나: 까만색이고 고양이 그림이 있는데 크기는 ________________________.

5) 가: 요즘 노트북은 진짜 작더라고요.

나: 맞아요. 투이 씨가 산 노트북은 ________________________.

듣고 말하기

1. 잘 듣고 문장을 완성하십시오.

1) 03-1

지난 토요일 성북구의 한 경찰서 앞에 가방 하나가 버려져 있었는데요. (①) 그 안에는 현금 오천만 원과 쪽지 하나가 들어 있었다고 합니다. 쪽지에는 (②) 학생들을 위해 이 돈을 쓰고 싶다고 적혀 있었는데요. 기부자가 (③) 어린 시절을 생각하면서 모은 돈이라고 합니다. 자신의 이름은 밝히지 않았지만 이웃에게 (④) 기부자의 마음이 그대로 느껴지네요.

2) 03-2

사회자 여행을 기대하고 가셨는데 봉사 활동이어서 많이 당황하셨을 것 같네요.

강나영 네, 그랬지요. 어려운 아이들을 돕고 싶으면 필요한 것을 기부하면 되는데 직접 가서 봉사까지 해야 하는 이유를 처음에는 모르겠더라고요. 그런데 동생이 며칠이라도 해 보자고 해서 (①) 아이들의 맑은 눈을 보면서 마음이 움직였어요. 그래서 결국 (②) 봉사를 하고 왔어요.

사회자 그러셨군요. 그 후 꾸준히 여러 분야에서 (③) 계시잖아요. 매체를 통해 소개된 것처럼 해외의 아이들과 결연해서 (④).

강나영 네, 한 달에 삼만 원이면 아이들이 교육의 기회를 얻을 수 있다고 하더라고요. 제가 커피 몇 잔만 안 마시면 되는 거잖아요. 그래서 한 명, 한 명 (⑤) 지금은 여러 나라에 도와주는 아이들이 늘어나서 50명쯤 돼요.

읽고 말하기

1. 다음을 읽고 ㉠~㉣에 알맞은 것을 보기 에서 찾아 쓰십시오.

보기

장소　　일시　　기부 방법　　기부 물품

나눔 장터에 여러분을 초대합니다

㉠__________ : 4월 10일(토) 오전 10시~오후 5시

㉡__________ : 아파트 주차장

㉢__________ : 가구 및 가전제품 / 옷, 신발, 가방 등 의류·잡화
책, 장난감 등 아이 물건 / 기타 다양한 물품 가능

㉣__________ : 4월 9일(금) 오후 7시까지 관리 사무소에 물품 접수

※ 접수하지 않은 물건을 당일에 팔 수 없습니다.
아파트 주민만 참여 가능합니다.

2. 다음을 읽고 ㉠~㉣에 알맞은 것을 보기 에서 찾아 쓰십시오.

보기

터벅터벅　　백마 탄 왕자　　구름 위를 걷는 기분　　한 걸음, 두 걸음, 걸음이

민수 씨는 요즘 ___㉠___입니다. 왜냐하면 세상에서 제일 예쁜 여자 친구가 생겼기 때문입니다. 오늘은 여자 친구와 만난 지 100일이 되는 날입니다. 오랜만에 머리도 단장하고 새로 장만한 옷도 입으니까 자신의 모습이 마치 ___㉡___처럼 멋져 보였습니다.

민수 씨는 지금 여자 친구에게 줄 반지를 가지고 약속 장소로 가는 길입니다. 약속 장소에 가까워지자 설레는 마음에 ___㉢___ 빨라졌습니다. 그런데 약속 장소에 도착해서 한참 기다려도 여자 친구는 오지 않았고 민수 씨는 ___㉣___ 집으로 돌아갔습니다.

㉠__________　㉡__________

㉢__________　㉣__________

04과 일상의 문제

어휘·표현 1

1. 보기 에서 알맞은 표현을 골라 문장을 완성하십시오.

보기
난방이 안 되다 결항이 되다 짐이 분실되다 출발이 지연되다 온수가 안 나오다

1) 우리가 탈 기차가 고장으로 인해 1시간 후로 ____________________았다/었다.

2) 공항에서 ____________________는 바람에 지금 여권하고 지갑밖에 없다.

3) 호텔 화장실에 ____________________아서/어서 차가운 물로 샤워했더니 감기에 걸렸다.

4) 어제 ____________________아서/어서 추운 방에서 잤더니 감기에 걸렸다.

5) 태풍으로 인해 비행기가 ____________________았다/었다. 오늘 출발하는 비행기가 없다고 해서 큰일이다.

2. 보기 에서 알맞은 어휘를 골라 다음 글을 완성하십시오.

보기
곤란하다 보상하다 제공하다 숙박하다 따지다

나는 친구와 제주도로 여행을 가서 호텔에서 ________________기로 했다. 인터넷으로 예약할 때 방이 정말 예뻐서 기대가 컸다. 그런데 호텔 방에 들어가니까 쓰레기가 그대로 있었고 담배 냄새도 났다. 그래서 우리는 호텔 직원에게 청소가 왜 안 되어 있냐고 ________________(으)면서 오늘 당장 방을 옮겨 달라고 했다. 그러나 직원은 ________________(으)ㄴ 표정을 지으며 남은 방이 없어서 내일 옮겨 줄 수 있다고 했다. 그 대신에 사과하면서 우리가 불편을 겪은 것에 대해 ________________아/어 주기 위해 식사권 2장도 무료로 ________________겠다고 했다. 친구와 오랜만에 함께하는 여행인데 시작부터 좋지 않아서 기분이 별로였다.

-ㄴ다고/는다고/다고 했잖아요

1. 보기 와 같이 대화를 완성하십시오.

보기

직원: 자리가 없어서 들어가실 수 없습니다.

손님: 아까는 자리가 있다고 하셨잖아요.

1) 직원: 이 제품은 환불해 드릴 수 없습니다. ("환불이 됩니다.")

손님: 물건을 살 때는 ______________________.

2) 직원: 지금은 수리를 할 수 없습니다. ("수리가 가능합니다.")

손님: 전화했을 때는 ______________________.

3) 직원: 이 가격은 1인분 가격입니다. ("2인분 가격입니다.")

손님: 아까는 ______________________.

4) 직원: 금방 배달 기사가 출발했다고 합니다. ("출발했습니다.")

손님: 30분 전에도 ______________________.

5) 직원: 서비스 센터에 물건을 가지고 오시면 됩니다. ("직원이 집으로 와서 고쳐 줄 겁니다.")

손님: 어제는 ______________________.

2. 보기 에서 알맞은 것을 골라 대화를 완성하십시오.

보기

- ~~지난 회의 시간 - "발표 자료가 필요해."~~
- 전 - "음식이 달아야 사람들이 좋아해."
- 지난번 - "고등학교 때 수학을 잘했어요."
- 어제 - "다음부터 빨리 오겠습니다."
- 처음에 내가 물어봤을 때 - "외국에서도 사용할 수 있어요."
- 아침 - "영화 시작 시간은 2시야."

1) 가: 왜 발표 자료를 만들었어? 안 만들어도 되는데.

나: 지난 회의 시간에는 발표 자료가 필요하다고 했잖아.

2) 가: 이 카드는 한국에서만 사용할 수 있는 카드예요.

나: ______________________________.

3) 가: 요즘 젊은 사람들은 이렇게 단 음식 안 좋아해.

나: ______________________________.

4) 가: 왜 이렇게 안 와? 영화가 1시에 시작하는데.

나: ______________________________.

5) 가: 죄송합니다. 길이 막혀서 늦었습니다.

나: ______________________________.

6) 가: 이 수학 문제는 아주 어렵네요. 못 풀겠어요.

나: ______________________________.

-는/(으)ㄴ 데다가

1. 보기 와 같이 대화를 완성하십시오.

> **보기**
>
> 가: 요즘 안색이 너무 안 좋아 보여요. 무슨 일 있어요?
>
> 나: 회사 일도 많은 데다가 어머니도 병원에 입원하셔서 할 일이 많네요.

1) 가: 마키 씨는 그 가방을 자주 들고 다니는 것 같아요.

나: ______________는/(으)ㄴ 데다가 디자인도 마음에 들어서 자주 들게 돼요.

2) 가: 이번에도 화장품 가게에서 아르바이트를 한다면서요?

나: 네, 저는 ______________는/(으)ㄴ 데다가 손님들한테 설명도 잘하거든요.

3) 가: 알렉세이 씨는 반 친구들한테 인기가 많은 것 같아요.

나: 네, ______________는/(으)ㄴ 데다가 유머 감각도 있어서 인기가 많아요.

4) 가: 오늘은 날씨가 안 좋아서 그런지 가게에 손님들이 안 오네요.

나: ____________________는/(으)ㄴ 데다가 바람도 심하게 불어서 길에 사람이 별로 없어요.

5) 가: 어제 왜 모임에 안 나왔어요?

나: ____________________는/(으)ㄴ 데다가 집에 손님도 찾아와서 못 나갔어요.

2. 보기 와 같이 대화를 완성하십시오.

보기

가: 바트 씨가 한국어를 아주 잘한다면서요?

나: 네, **말하기 실력도 좋은 데다가 발음도 좋아서** 한국어 말하기 대회에서 상도 받았대요.

1) 가: 요즘 친구들이 이 핸드폰을 많이 쓰는데 장핑 씨도 샀네요. 사용해 보니까 어때요?

나: ____________________________________아서/어서 좋아요.

2) 가: 요즘에 그 영화가 인기가 많대요.

나: 네, ____________________________________아서/어서 인기가 많대요.

3) 가: 부산 여행 어땠어요?

나: ____________________________________아서/어서 좋았어요.

4) 가: 내일은 뭐 할 거예요?

나: ____________________________________아서/어서 집에 있을 거예요.

5) 가: 왜 그렇게 힘이 없어요? 무슨 안 좋은 일 있어요?

나: 네, ____________________________________아서/어서 정말 힘드네요.

6) 가: 투안 씨랑 같이 이야기하면 좀 힘들어요.

나: 맞아요. ____________________________________아서/어서 그런 것 같아요.

어휘·표현 2

1. 보기 에서 알맞은 어휘를 골라 문장을 완성하십시오.

보기				
뛰어오다	점검하다	불쾌하다	건의하다	늘리다

1) 차에 이상이 있는 것 같은데 수리해 주는 곳에 가서 ____________아야겠다/어야겠다.

2) 장핑은 교실로 ____________아서/어서 대학교 합격 소식을 전했다.

3) 동아리에서 신입 회원을 ____________기 위해 신입생들에게 동아리를 소개했다.

4) 친구는 장난으로 한 말이라고 했는데 나는 너무 ____________았다/었다.

5) 학생 식당 메뉴에 학생들이 원하는 음식이 들어가도록 학교에 ____________았다/었다.

2. 보기 에서 알맞은 어휘를 골라 다음 글을 완성하십시오.

보기				
만원	최대한	이미	책임	분명히

오늘은 다음 달 노래 공연을 위한 동아리 회의가 있는 날이었다. 내가 동아리 회장이라서 공연을 잘해야 한다는 ________________ 때문에 마음이 무거웠다. 회의 시간에 늦지 않으려고 어제 알람을 ________________ 맞춰 놓고 잤는데도 알람 소리를 듣지 못했다. 급하게 버스 정류장으로 뛰어갔지만 ________________ 버스라서 탈 수 없었다. 택시를 타고 동아리 방에 도착했는데 ________________ 회의가 시작된 후였다. ________________ 노력해서 빨리 왔지만 늦어서 속상했다.

–았어야/었어야 했는데

1. 보기 와 같이 대화를 완성하십시오.

보기

가: 다리를 다쳤다고 들었어요. 어떻게 하다가 다쳤어요?

나: **계단에서 내려올 때 앞을 잘 봤어야 했는데** 못 봐서 다쳤어요.

1) 가: 또 늦었네요. 다음에도 이렇게 늦게 오면 안 돼요. (집에서 일찍 나오다)

나: ______________________ 죄송합니다. 다음부터는 조심하겠습니다.

2) 가: 이렇게 연락해 주셔서 감사해요. (제가 먼저 연락하다)

나: ______________________ 너무 바빠서 연락도 못 하고 살았네요.

3) 가: 방학 때 병원에 입원했다고 해서 깜짝 놀랐어요. (치료를 받다)

나: 전에 ______________________ 시간이 없어서 치료를 못 받았거든요. 지금은 괜찮아졌어요.

4) 가: 어제 제프리 씨하고 무슨 일 있었어요? 제프리 씨 기분이 안 좋아 보여서요.

나: ______________________ 못 참고 화를 내 버렸어요. 제프리 씨가 약속 시간에 또 늦었거든요.

5) 가: 왜 마키 씨랑 민호 씨가 헤어진 거 저한테 미리 말해 주지 않았어요? 몰라서 실수했어요.

나: ______________________ 미안해요. 깜빡 잊어버렸어요.

2. 다음 글을 읽고 후회하는 문장을 쓰십시오.

나는 방학 때 프랑스로 여행을 다녀왔다. 그런데 학교 일과 아르바이트 일로 너무 바빠서 1) 비행기표를 빨리 예약하지 못했다. 그래서 생각보다 비싼 비행기표를 사게 됐다. 그래도 프랑스에 오니까 기분이 좋았다. 하지만 프랑스 날씨가 예상보다 추워서 2) 두꺼운 옷을 챙기지 않은 것이 후회됐다. 그리고 비도 많이 왔다. 3) 우산을 안 가져와서 새로 하나 사야 했다. 여행을 하느라고 4) 도착하고 3일 정도 지난 후에 부모님께 연락을 드렸더니 연락이 없어서 걱정했다고 하셨다. 여행 마지막 날에는 가족들과 친구들에게 줄 선물을 사러 갔다. 5) 그런데 내가 늦게 가서 그런지 동생이 부탁한 선물은 다 팔리고 없었다. 동생이 실망할 모습을 생각하니까 걱정이 됐다.

1) **비행기표를 빨리 예매했어야 했는데……**.

2) ______________________.

3) ______________________.

4) ______________________.

5) ______________________.

-고 해서

1. 이유를 골라 대화를 완성하십시오.

1)

날씨가 춥다	피곤하다	밀린 집안일이 많다

가: 어제 왜 영화 보러 안 나왔어요?

나: **날씨도 춥고 해서** 그냥 집에 있었어요.

2)

짐이 많다	시간이 늦다	배가 아프다

가: 집에 어떻게 가요?

나: ______________________ 택시 타고 가려고요.

3)

내일 시험이다	빌릴 자료가 있다	책을 반납해야 하다

가: 오늘 도서관에 갈 거예요?

나: ______________________ 가려고요.

4)

잠이 안 오다	내일 휴일이다	머리가 복잡하다

가: 시간이 많이 늦었는데 드라마 보고 있었어요?

나: ______________________ 보고 있었어요.

5)

커피를 마시면 잠이 깨다	향기가 좋다	커피 맛이 좋다

가: 윤아 씨는 커피를 자주 마시는 것 같아요.

나: ______________________ 자주 마셔요.

2. 보기 와 같이 대화를 완성하십시오.

보기

가: 왜 그렇게 음식 재료를 많이 샀어요?

나: 내일 손님도 오고 해서 많이 샀어요.

1) 가: 왜 동대문 시장에서 쇼핑을 자주 해요?

나: ______________________________________.

2) 가: ○○ 씨는 라면을 자주 먹는 것 같아요.

나: ______________________________________.

3) 가: 오늘은 왜 학교에 걸어서 왔어요?

나: ______________________________________.

4) 가: 왜 어제 집에 그렇게 일찍 갔어요?

나: ______________________________________.

5) 가: 무슨 좋은 일 있어요? 기분이 좋아 보여요.

나: ______________________________________.

듣고 말하기

1. 잘 듣고 문장을 완성하십시오.

1) 04-1

한국항공 승객 여러분께 알려 드립니다. 오후 7시 인천에서 도쿄로 가는 한국항공 KD1215편이 현재 비행기 정비로 인해 (①) 있습니다. 다시 한번 말씀드리겠습니다. 오후 7시 인천에서 도쿄로 가는 한국항공 KD1215편이 현재 비행기 정비로 인해 출발이 지연되고 있습니다. (②) 대단히 죄송합니다.

2) 04-2

승객(남) 아까는 조금만 기다리면 된다고 하셨잖아요. 지금 앉을 데도 없어서 바닥에 앉아서 기다렸다고요. 손님들한테 더 자세하게 설명을 해야 하는 거 아니에요?

직원 죄송합니다. 손님.

승객(여) 저는 내일 도쿄에서 (①) 있어요. 지금 이게 말이 돼요? 어떻게 보상하실 거예요?

승객(남) 날씨가 안 좋아서 결항이 된 것도 아니고 비행기 정비 때문에 그렇다는 건 (②)?

직원 저희가 (③) 정말 죄송합니다.

3) 04-3

승객(여) 그럼 내일 출발하는 사람은 어떻게 하면 되지요?

직원 우선 공항 앞 인천호텔에서 무료로 (①) 도와드리겠습니다. 그리고 공항 식당 어디에서든지 (②) 제공해 드리겠습니다.

승객(여) 내일은 분명히 출발하는 거죠? 휴! 호텔까지는 어떻게 갈 수 있나요?

읽고 쓰기

1. 다음을 읽고 (보기) 의 문장이 들어가기에 알맞은 곳을 고르십시오. (　　　　)

> 어제 학교 버스를 타려고 아침 일찍 셔틀버스 승차장에 도착했는데 이미 많은 학생들이 줄을 길게 서 있었습니다. (㉠) 그래서 저는 셔틀버스를 탈 수 없었고 결국 학교에 지각했습니다. (㉡) 일반 버스를 타려고 해도 쉽지 않습니다. 시청역 쪽에서 학교로 오는 일반 버스는 하나밖에 없기 때문입니다. (㉢)
>
> 셔틀버스를 타는 것도 어려운 데다가 일반 버스도 별로 없어서 학교에 오기가 너무 힘듭니다. (㉣) 학생들의 편의를 위해서 시청역에서 학교로 가는 셔틀버스 운행을 더 늘려 주시기를 건의합니다.

보기

> 그리고 이 버스는 다른 학교 학생들도 많이 이용하고 해서 항상 만원입니다.

2. 다음을 읽고 글을 쓴 사람이 건의하고 싶은 것이 무엇인지 쓰십시오.

> 저는 한국어교육센터에서 한국어를 배우는 학생입니다. 커피를 사러 매점에 가는 길에 보니 도서관 앞에서 학생들이 담배를 피우고 있었습니다. 저는 흡연자가 아니기 때문에 담배 냄새를 좋아하지 않습니다. 그런데 건물 밖으로 나가자마자 담배 냄새가 나서 불쾌했습니다. 조금만 걸어가면 흡연 장소가 따로 있는데 도서관 앞에서 담배를 피우고 있는 것을 이해할 수 없었습니다. 그리고 담배꽁초가 여기저기 버려져 있어서 바닥도 더러웠습니다.
>
> 저는 공공장소에서 정해진 규칙을 잘 지키는 것이 중요하다고 생각합니다. 그래서 흡연자들이 정해진 흡연 장소에서만 담배를 피우고 담배꽁초를 쓰레기통에 버렸으면 좋겠습니다. 그리고 학교에서도 학생들이 흡연 장소가 아닌 곳에서 흡연을 하지 못하도록 관리해 줬으면 좋겠습니다.

흡연자에게	학교에

05과 생각의 차이

어휘 · 표현 1

1. 다음 상황에 맞는 표현을 (보기) 에서 고르십시오.

보기

귀를 기울이다	편견을 가지다	다른 가치관을 인정하다
생각을 강요하다	상대방을 비난하다	주장에 동의하다

수업 시간에 선생님이 중요한 말씀을 하셔서 잘 들었다.	나와 친구의 생각이 서로 같지 않지만 다른 생각도 있을 수 있으니까 이해한다.	나도 그 문제에 대해 친구와 같은 생각을 한다.
( )	( )	( )
나와 생각이 다른 친구에게 내 생각이 맞으니까 생각을 바꾸라고 말했다.	여자들은 보통 운전을 잘 못 하니까 내 여자 친구도 운전을 잘 못할 것이다.	경기 후 인터뷰에서 상대 선수의 잘못된 태도에 대해 나쁘게 말했다.
( )	( )	( )

2. (보기) 에서 알맞은 어휘를 골라 다음 글을 완성하십시오.

보기

주제　　의견　　근거　　찬성　　말다툼

토론은 한 가지 ____________에 대해서 ____________을/를 하는 쪽과 반대를 하는 쪽으로 나뉘어 서로 자신의 생각을 주장하는 것이다. 이때 상대방이 자신의 주장을 받아들일 수 있도록 왜 그렇게 생각하는지 여러 가지 ____________을/를 들어야 한다. 또한 상대방 주장에 대해 반대를 할 때에도 정확한 이유를 가지고 반대해야 한다. 이렇게 해야 토론이 말로 싸우는 ____________이/가 되지 않고 서로의 ____________을/를 나누는 자리가 될 것이다.

-ㄴ다고/는다고/다고 해서 -는/(으)ㄴ 것은 아니다

1. 다음 의견에 대해 보기 와 같이 반대하십시오.

보기

거짓말은 나쁘다.

↔ 거짓말이라고 해서 다 나쁜 것은 아니다.

1) 비싸면 품질이 좋다.

↔ ______________________________.

2) 친구가 많으면 외롭지 않다.

↔ ______________________________.

3) 독감 예방 주사를 맞으면 감기에 걸리지 않는다.

↔ ______________________________.

4) 수업 시간에 설명을 들었으면 알 수 있다.

↔ ______________________________.

5) 젊은 사람은 컴퓨터를 잘한다.

↔ ______________________________.

2. 보기 와 같이 대화를 완성하십시오.

보기

가: 시험을 잘 보면 5급에 갈 수 있겠지요?

나: 시험을 잘 본다고 해서 다 5급에 갈 수 있는 것은 아니에요. 출석률도 좋아야 해요.

1) 가: 학교 성적이 좋으니까 금방 취직할 수 있겠지요?

나: ______________________________.

2) 가: 무슨 일이든지 빨리하면 좋겠지요?

나: ______________________________.

3) 가: 그 사람은 대학에서 영어를 전공했으니까 영어를 잘할 거예요.

나: ______________________________.

4) 가: 남자들은 다 쇼핑을 싫어하는 것 같아요. 제 남자 친구도 그렇고 제 남동생도 그렇거든요.

나: ______________________________.

5) 가: 한국 사람이면 누구든지 김치를 담글 줄 알지요?

나: ______________________________.

-는가/(으)ㄴ가 하면

1. 보기 에서 알맞은 내용을 골라 대화를 완성하십시오.

보기

~~장점 – 단점~~

좋아하는 사람 – 사용하기 불편하다고 하는 사람

공부가 잘될 때 – 공부가 안될 때

잘하는 것 – 못하는 것

찬성하는 사람 – 반대하는 사람

운동을 하는 사람 – 몸에 좋은 음식을 챙겨 먹는 사람

1) 가: 유학 생활을 해 보니까 어떠십니까?

나: 글쎄요, 장점이 있는가 하면 단점도 있습니다.

2) 가: 택시 요금을 올리는 것에 대해 사람들이 어떻게 생각합니까?

나: 사람마다 다릅니다. ______________________________.

3) 가: 사람들은 보통 어떻게 건강을 관리합니까?

나: 사람마다 다릅니다. ______________________________.

4) 가: 이번에 새로 나온 스마트폰에 대한 평가가 어떻습니까?

나: 사람마다 다릅니다. ______________________________.

5) 가: 저는 왜 이렇게 운동을 못할까요?

나: 그 대신에 공부를 잘하잖아요. 사람마다 ______________________________.

6) 가: 요즘 왜 이렇게 공부가 안될까요? 지난 학기에는 안 그랬는데…….

나: 너무 걱정하지 마세요. 곧 좋아지겠지요. ______________________________.

2. (보기) 와 같이 대화를 완성하십시오.

보기

가: 일을 할 때 타고난 재능이 중요할까요? 노력이 중요할까요?

나: 어떤 사람들은 재능이 중요하다고 생각하는가 하면 어떤 사람들은 노력이 중요하다고 생각해요.

1) 가: 외국인들은 한국 생활에 대해서 어떻게 생각합니까?

나: ______________________________.

2) 가: 학생들이 기숙사에 대해서 어떻게 생각합니까?

나: ______________________________.

3) 가: 학생들의 이번 시험 성적이 어떻습니까?

나: ______________________________.

4) 가: 유학생들은 보통 어떤 취미 생활을 합니까?

나: ______________________________.

5) 가: 우리 반 친구들은 휴대 전화를 살 때 무엇을 중요하게 생각합니까?

나: ______________________________.

어휘 · 표현 2

1. 보기 에서 알맞은 어휘를 골라 문장을 완성하십시오.

보기				
속이다	위하다	뻔하다	둘러싸다	중시하다

1) 요즘은 어느 대학을 졸업했는지 중요하게 생각하지 않고 개인의 능력을 ____________는/(으)ㄴ 분위기이다.

2) 가게 주인은 사용했던 물건을 새 물건이라고 ____________아서/어서 손님들에게 팔았다.

3) 우리 팀의 실력이 상대 팀에 비해 훨씬 뛰어나기 때문에 내일 경기에서 우리 팀이 이길 것이 ____________ㄴ다/는다.

4) 나는 친구를 ____________는/(으)ㄴ 마음으로 친구의 단점을 솔직히 말해 주면서 충고했다.

5) 요즘 인기를 끌고 있는 가수가 공항에 나타나자 사람들이 몇 초 만에 그 가수의 주위를 ____________았다/었다.

2. 보기 에서 알맞은 어휘를 골라 다음 글을 완성하십시오.

보기				
남	갈등	개개인	설득력	사고방식

나이, 성별, 국적, 사는 곳, 경험 등에 따라 __________의 생각이 다른 것은 당연하다. 이렇게 다른 __________을/를 가진 사람들이 서로 이해하지 못하고 자신의 생각만 강요하면 __________이/가 생긴다. 이런 문제가 생기지 않게 하려면 우선 __________와/과 내가 다르다는 것을 인정해야 한다. 그리고 생각의 차이가 있을 때는 상대방이 내 생각을 이해할 수 있도록 그렇게 생각하는 이유를 __________ 있게 말하는 것이 좋다.

대로

1. 보기 와 같이 대화를 완성하십시오.

보기

가: 책을 어떻게 정리하면 좋을까요?

나: **전공 책은 전공 책대로 소설책은 소설책대로** 정리합시다.

1) 가: 한국의 여름과 겨울 중에서 어느 계절이 더 좋아요? (여름 – 겨울)

나: ____________________ 장단점이 있어요.

2) 가: 선생님, 워크북과 공책을 따로 낼까요? (워크북 – 공책)

나: 네, ____________________ 모아서 주세요.

3) 가: 키워 보니까 아들이 좋으세요? 딸이 좋으세요? (아들 – 딸)

나: 글쎄요, ____________________ 키우는 재미가 달라요.

4) 가: 이번에 같이 일을 하게 된 회사 동료와 성격이 맞지 않아서 힘드네요. (그 사람)

나: ____________________ 힘든 점이 있을 테니까 함께 이야기해 보세요.

5) 가: 부모님이 자꾸 제 진로에 대해 부모님 생각을 따르라고 강요하셔서 자주 싸우게 돼요. (부모님)

나: ____________________ 자식의 미래를 걱정해서 그러실 거예요.

2. 방학 여행에 대해 대화를 완성하십시오.

가: 저 이번 방학에는 꼭 여행하려고 해요.

나: 잘 생각했네요. 공부도 중요하지만 한국에 사는 동안 여러 경험도 쌓으면 좋지요.

가: 맞아요. 한국에서 하는 첫 여행인데 단체 여행이 좋을까요? 배낭여행이 좋을까요?

나: **단체 여행은 단체 여행대로 편해서 좋고 배낭여행은 배낭여행대로 자유로워서 좋아요.** 그런데 제가 ○○ 씨라면 자유로운 배낭여행을 가겠어요.

가: 저도 그게 좋겠어요. 여행지는 제주도가 좋을까요? 부산이 좋을까요?

나: ____________________________________.

가: 그럼 저는 부산에 가야겠네요. 부산에 갈 때는 KTX가 나아요? 고속버스가 나아요?

나: ______________________________.

가: 알겠어요. 호텔과 게스트 하우스 중에서 숙박 시설은 어디가 좋을까요?

나: ______________________________.

가: 그렇군요. 부산에 가면 뭘 먹어 봐야 해요? 무슨 음식이 맛있어요?

나: ______________________________.

가: 둘 다 먹어 봐야겠네요. 그런데 혼자 하는 여행은 처음이라서 좀 걱정이 돼요.

나: 저도 해 봤는데 ______________________________.

가: 그 말을 들으니까 자신감이 생기네요. 친절하게 알려 줘서 고마워요.

-기 마련이다

1. 보기 에서 알맞은 문장을 골라 대화를 완성하십시오.

보기

~~몸이 아프면 마음도 약해지다~~

서두르면 실수하다

노력하면 성공하다

착하게 살면 복을 받다

몸이 멀어지면 마음도 멀어지다

배가 고프면 화가 나다

1) 가: 아플 때 엄마 생각이 나서 전화했는데 갑자기 눈물이 나서 겨우 참았어요.

나: **누구든지 몸이 아프면 마음도 약해지기 마련이에요.**

2) 가: 어젯밤에 급하게 숙제했더니 아는 것도 많이 틀렸어요.

나: ______________________________.

3) 가: 고향에 있는 남자 친구에게 점점 전화를 안 하게 돼요.

나: ____.

4) 가: 남을 잘 도와주면 저에게도 좋은 일이 생기겠지요?

나: 그럼요, ____.

5) 가: 앞으로도 지금처럼 열심히 하면 제 꿈을 이룰 수 있겠지요?

나: 그럼요, ____.

6) 가: 밥도 못 먹고 일하다 보니 짜증이 나더라고. 결국 함께 일하던 동료랑 크게 싸웠어.

나: ____.

2. 보기 와 같이 대화를 완성하십시오.

보기

가: 오랜만에 아버지랑 테니스를 쳤는데 전보다 많이 힘들어하시더라고요.

나: 누구든지 나이가 들면 힘이 약해지기 마련이에요.

1) 가: 저는 시험이 너무 싫은데 시험을 좋아하는 학생도 있을까요? (학생이면 시험을 싫어하다)

나: 아마 없을걸요. ____.

2) 가: 처음에는 우리 선생님 말이 빠르다고 생각했는데 이제는 익숙해졌어요. (계속 듣다 보면 익숙해지다)

나: 저도요. ____.

3) 가: 어제 유명한 맛집을 찾아갔는데 기대를 너무 많이 해서 그런지 좀 실망했어요. (기대가 크면 실망도 크다)

나: ____.

4) 가: 남자 친구가 생기고 나서 OO 씨가 점점 예뻐지네요.

나: 저도 그렇게 생각했어요. ____.

5) 가: 방학 동안 한국어를 사용하지 않았더니 많이 잊어버렸어요.

나: ____.

듣고 말하기

1. 잘 듣고 문장을 완성하십시오.

1) 05-1

여자 그냥 듣기 좋게 잘한다고 말해 주지 그랬어. (①) 하는 말도 있잖아.

남자 착한 거짓말 말하는 거지? (②) 거짓말하는 거.

여자 응, 맞아. 착한 거짓말.

남자 나는 그게 늘 고민이 돼. 아무리 좋은 거짓말이라고 해도 (③) 게 싫고 어떤 게 진짜 (④) 건지 잘 모르겠어.

여자 글쎄, (⑤) 살다 보면 하얀 거짓말이 어느 정도 필요하지 않을까? 참, 한국에는 새빨간 거짓말도 있는데 들어 봤어?

남자 새빨간 거짓말? 그게 뭔데?

여자 (⑥) 새빨간 거짓말이라고 해.

2) 05-2

남자 그런 거짓말을 들으면 들을 때는 기분이 좋겠지요. 하지만 그게 사실이 아니라는 것을 알게 된다면 기분이 어떻겠습니까? 아마 (①). 사실대로 말하는 것이 (②) 일이라고 생각합니다.

여자 말씀하신 의견에 (③). 하지만 병이 나을 거라는 거짓말이 실제로 환자를 낫게 할 수 있다는 연구 결과도 있습니다. 이런 점을 보면 착한 거짓말의 (④) 생각합니다.

사회자 네, 두 분 의견 잘 들었습니다. (⑤) 반대 측은 반대 측대로 설득력 있는 말씀이었습니다. 혹시 두 분 의견에 추가로 더 말씀하실 분 계십니까?

읽고 말하기

1. 다음을 읽고 ㉠~㉣에 알맞은 것을 보기 에서 찾아 쓰십시오.

보기

과정을 중시하다	다른 사람과의 '관계'를 중시하다
목표를 이루는 것을 중시하다	개개인이 따로 떨어져 있다고 생각하다

남자는 일의 과정보다 ㉠_____ ㄴ다/는다. 그래서 선물을 할 때도 준비하는 과정보다 선물이라는 목표에 의미를 둔다.	여자는 어떤 일을 할 때 ㉡_____ ㄴ다/는다. 그래서 선물을 할 때도 비싼 선물보다 직접 만든 선물에 의미를 둔다.
동양인은 선생님이 화가 난 이유를 학생들 때문이라고 추측한다. 이것은 ㉢_____는 동양인의 사고방식 때문이다. 이런 사고방식으로 인해 동양인은 개인의 감정이 바뀌는 이유도 남들과의 관계 속에서 찾는다.	서양인은 선생님이 화가 난 이유를 선생님 개인의 문제 때문이라고 생각한다. 이것은 ㉣_____는 서양인의 사고방식 때문이다. 이런 사고방식으로 인해 서양인은 개인의 감정이 바뀌는 이유도 자신 안에서 먼저 찾는다.

㉠: ______________________

㉡: ______________________

㉢: ______________________

㉣: ______________________

2. 다음을 읽고 ㉠~㉢의 의미를 보기 에서 찾아 쓰십시오.

그 사람들은 왜 내가 틀렸다고 생각하는 것일까? 그것은 자신과 의견이 다르면 틀린 것이라고 잘못 생각하고 있기 때문이다. ㉠이런 모습은 사실 우리 주변에서 자주 볼 수 있다. 사람들을 만나 대화를 나누다가 보면 자신과 다른 의견을 부정적으로 받아들일 때가 많다.

사람들의 외모가 다 다른 것처럼 사람마다 가지고 있는 생각도 모두 다르기 마련이다. 같은 영화를 보고 감동을 받는 사람이 있는가 하면 그렇지 않은 사람도 있다. ㉡그렇다고 해서 비난할 수는 없다. 다르다는 것은 틀린 것도, 이상한 것도 아니기 때문이다. ㉢이러한 생각으로 우리는 조금 더 마음을 열고 편견 없이 다양한 의견에 귀를 기울일 필요가 있다.

보기

같은 영화를 보고 다르게 느낀다 / '다름'을 '틀림'으로 잘못 생각한다 / 사람마다 생각이 다른 것은 당연하다

㉠: ______________________.

㉡: ______________________.

㉢: ______________________.

06과 여행과 휴식

어휘·표현 1

1. 보기 에서 알맞은 표현을 골라 문장을 완성하십시오.

보기

색다르다　　휴양하다　　빠듯하다　　무기력하다　　일에 쫓기다

1) 여행 일정이 너무 ____________아서/어서 여유 있게 쇼핑할 시간이 없었다.

2) 새 프로젝트 때문에 ____________아서/어서 친구들을 전혀 만날 수 없다.

3) 요즘 너무 지쳐서 이번 방학에는 조용한 시골에 가서 ____________(으)려고 한다.

4) 날마다 똑같은 일상이 싫어서 ____________는/(으)ㄴ 경험을 쌓고자 세계 여행을 계획하게 되었다.

5) 동생이 대학교 시험에 떨어진 후부터 밥도 잘 안 먹고 아무것도 안 하고 ____________게 있어서 걱정이다.

2. 보기 에서 알맞은 표현을 골라 다음 글을 완성하십시오.

보기

모험을 즐기다　　맛집을 찾아가다　　기대에 못 미치다

가슴이 뻥 뚫리다　　유적지를 둘러보다

여름 방학에 새로운 경험을 쌓기 위해 여행을 갔다. 먼저 경주에 가서 ________________았는데/었는데 한국의 역사를 몰랐던 나에게 많은 도움이 되었다. 그리고 ________________고 싶어서 서핑을 배웠다. 바다 위에서 서핑을 하면서 몸을 자유롭게 움직이다 보니 답답했던 ________________는 것 같았다. 그리고 인터넷에서 검색한 ________________아서/어서 먹었는데 맛있을 거라는 생각과 달리 음식 맛은 ________________았다/었다. 그래도 오랜만에 여행을 하니까 기분을 전환할 수 있어서 좋았다.

-(으)ㄹ 겸

1. 보기 에서 알맞은 것을 골라 문장을 완성하십시오.

보기

가	나
~~노래를 부르다~~	회를 먹다
바다를 보다	겨울옷을 준비하다
생활비를 벌다	경험을 쌓다
돈을 아끼다	친구를 사귀다
친구 선물을 사다	~~스트레스를 풀다~~
영어를 공부하다	운동을 하다

1) **노래도 부를 겸 스트레스도 풀 겸** 노래방에 갔어요.

2) ________________ 부산에 갈까 해요.

3) ________________ 백화점에 가려고 해요.

4) ________________ 편의점에서 일을 시작했어요.

5) ________________ 영어 동아리에 가입할 생각이에요.

6) ________________ 가까운 곳은 걸어서 가기로 했어요.

2. 보기 와 같이 대화를 완성하십시오.

보기

가: 어머, 미용실에 다녀왔나 봐요. 머리가 잘 어울리는데요.

나: **분위기도 바꿀 겸 기분도 전환할 겸 짧게 잘랐어요.**

1) 가: 왜 요가를 배워요?

나: ________________.

2) 가: 이번 주말에 뭐 할 거예요?

나: ______________________________.

3) 가: 방학에 미국에 갔다 왔다면서요? 좋았겠어요.

나: ______________________________.

4) 가: 시험도 끝났는데 도서관에 뭐 하러 가요?

나: ______________________________.

5) 가: 친구들을 만나면 보통 어디에 가요?

나: ______________________________.

–던가요?

1. 보기 와 같이 대화를 완성하십시오.

> 보기
>
> 가: 주말에 친구들과 놀이공원에 갔어요.
>
> 나: 재미있던가요?

1) 가: 어제 떡볶이를 직접 만들어 봤어요.

나: ______________________________?

2) 가: 주말에 사물놀이 공연을 보고 왔어요.

나: ______________________________?

3) 가: 오늘 우리 반에 신입생이 한 명 왔어요.

나: ______________________________?

4) 가: 기숙사가 불편해서 이사할 집을 보고 왔어요.

나: ______________________________?

5) 가: 어제 바트 씨가 쓴 발표문을 읽어 봤어요.

나: ______________________________?

2. 다음 대화를 완성하십시오.

가: 방학에 부산에 다녀왔어요.

나: 그래요? 저도 부산에 가고 싶은데 **부산이 어땠던가요?**

가: 바다도 있고 맛집도 많고 아주 좋았어요.

나: ______________________________?

가: 네, 바다가 아주 아름답더라고요.

나: ______________________________?

가: 네, 자갈치 시장은 생각보다 더 크고 다양한 해산물이 진짜 많았어요.

나: 그래요? 해산물을 먹어 보니까 ______________________________?

가: 시간이 없어서 해산물을 먹어 보지 못했어요.

나: ______________________________?

가: 음, 제일 재미있는 건 부산 사람들이 하는 말이었어요.

나: 부산 말요? 재미있지요. 그런데 ______________________________?

가: 네, 아주 친절했어요. 외국 사람이 왔다고 하면서 잘 대해 줬어요.

어휘 · 표현 2

1. 보기 에서 알맞은 어휘를 골라 문장을 완성하십시오.

보기

멍하다 흐르다 이동하다 섭섭하다 바라보다

1) 한 시간 동안 운동장을 달렸더니 땀이 너무 많이 ____________아요/어요.

2) 며칠 동안 밀린 일을 하느라 잠을 못 잤더니 하루 종일 ____________네요.

3) 삶에 지칠 때 아이들의 맑은 눈을 ____________(으)면 힘을 얻을 수 있을 겁니다.

4) 룸메이트가 고향으로 돌아간다고 하네요. 마음이 잘 맞았는데 ____________아요/어요.

5) 지금부터 후문 쪽으로 ____________(으)면서 이 유적지의 역사에 대해서 설명하겠습니다.

2. 보기 에서 알맞은 어휘를 골라 다음 글을 완성하십시오.

보기

산속 편히 정신없이 내려놓다 치유하다

바쁜 도시에서 일에 쫓겨 ________________ 살다가 보면 몸과 마음이 지칠 때가 있다. 그럴 때는 걱정과 고민을 ________________고 바닷가나 ________________을/를 찾아가서 ________________ 지내는 것이 좋다. 그러면 몸과 마음을 ________________(으)ㄹ 수 있고 새로운 기운이 생겨 다시 일상으로 돌아갈 수 있다.

-아다가/어다가

1. 다음을 연결하여 한 문장으로 만드십시오.

1) 죽을 끓이다	친구에게 주다
2) 건강식품을 사다	책장을 만들다
3) 꽃을 꽃병에 꽂다	책상 위에 놓다
4) 햄버거를 포장하다	집에 와서 먹다
5) 친구에게 노트북을 빌리다	어머니께 드리다
6) 버려진 상자를 줍다	발표 PPT를 만들다

1) 죽을 끓여다가 친구에게 줬다.

2) ______________________________.

3) ______________________________.

4) ______________________________.

5) ______________________________.

6) ______________________________.

2. 보기 와 같이 대화를 완성하십시오.

보기

가: 마키 씨한테 빌린 가방을 줘야 하는데 시간이 없네요.

나: 제가 이따가 마키 씨를 만나러 갈 거예요. 제가 갖다가 줄게요.

1) 가: 요즘 돈도 없는데 시험 준비 때문에 필요한 책이 너무 많아요. (도서관에서 빌리다)

나: 도서관에 책이 많잖아요. ______________________________.

2) 가: 이 자료 정말 좋은데 좀 빌려주세요. 보고 중요한 것 좀 적을게요. (하나 복사하다)

나: 저 지금 복사실에 가요. ____________________.

3) 가: 모임에 내야 할 돈이 삼만 원인데 저한테 주세요. (은행에서 찾다)

나: 지금 현금이 없는데요. ____________________.

4) 가: 이리나 씨 고향 음식을 먹어 보고 싶어요.

나: 그래요? 그럼 제가 ____________________.

5) 가: 편의점에 가는데 뭐 필요한 거 없어요?

나: 배가 조금 고픈데요. ____________________.

–듯이

1. 보기 에서 알맞은 표현을 골라 대화를 완성하십시오.

보기		
비 오다	밥 먹다	물 쓰다
눈 녹다	불 보다	가뭄에 콩 나다

1) 가: 운동할 때 __**비 오듯이**__ 땀이 나면 기분이 좋아지는 것 같아요.

나: 정말요? 저는 땀 나는 게 싫은데 신기하네요.

2) 가: 사람들이 왜 바트 씨 말은 안 믿어요?

나: 바트 씨가 거짓말을 __________ 하는데 어떻게 믿어요?

3) 가: 월세며 생활비며 돈이 너무 많이 들어요. 언제 돈을 모을 수 있을까요?

나: 그러게요. 저는 돈을 __________ 써 보는 게 꿈이에요.

4) 가: 제 춤 실력은 왜 늘지 않을까요? 다른 친구들은 저렇게 잘 추는데.

나: 연습을 __________ 하니까 당연히 늘지 않지요. 어제도 연습 안 했잖아요.

5) 가: 오늘도 압둘라 씨가 이리나 씨에게 줄 커피를 사 가지고 올까요?

나: 그건 ______________ 뻔한 일이지요. 지난 학기부터 계속 사 왔잖아요.

6) 가: 남자 친구가 일만 해서 화가 난다고 했잖아요. 그런데 사이가 좋아 보이네요.

나: 남자 친구와 이야기하다 보니 화났던 마음이 ______________ 사라지더라고요.

2. 보기 와 같이 대화를 완성하십시오.

보기

가: 저랑 친구랑 모든 일에 생각이 너무 달라요.

나: 다 그래요. **사람마다 얼굴이 다르듯이 생각도 달라요.**

1) 가: 한국 사람처럼 자연스럽게 말하고 싶은데 어렵네요. (배우가 말하다)

나: 그럼 한국 영화나 드라마를 보면서 ______________ 따라 해 보세요.

2) 가: 투이 씨, 왜 마키 씨랑 싸웠어요? (동생에게 하다)

나: 저는 마키 씨 동생이 아닌데 자꾸 ______________ 해서 화가 났거든요.

3) 가: 제가 하는 한국말은 왜 자연스럽지 않을까요? (책을 읽다)

나: 제 생각에는 압둘라 씨가 말을 할 때 ______________ 말해서 그런 것 같아요.

4) 가: 내일 소개팅이 있는데 어떤 옷을 입으면 좋을까요?

나: 바트 씨는 평소에 옷을 잘 입잖아요. ______________ 입으면 될 것 같은데요.

5) 가: 알렉세이 씨 노래하는 것 들어 봤는데 정말 잘하던데요.

나: 맞아요. 저도 처음 들었을 때 ______________해서 깜짝 놀랐어요.

듣고 말하기

1. 잘 듣고 문장을 완성하십시오.

1) 06-1

여자 그런데 말을 타는 것이 위험하지 않을까요?

안내원 위험하지 않습니다. 말을 탈 때 옆에서 도와주는 사람이 있습니다. 그러니까 걱정하지 않으셔도 됩니다. 제주도가 아니면 어디에서 말을 타 보시겠어요?
(①) 한번 도전해 보세요.

여자 네, 알겠습니다.

남자 그리고 저녁에 (②) 하는데 이 근처에서 회를 살 수 있는 곳이 있습니까?

안내원 네, 조금만 걸어가시면 해산물 식당이 많으니까 (③) 드실 수 있습니다.
그럼 내일 각자 조식 맛있게 드시고 필요한 물건을 챙기셔서 (④) 하겠습니다.

2) 06-2

간토야 지난 방학 때는 유럽에 다녀왔잖아요. 이번에는 아무 데도 안 가요?

제프리 네, 지난 방학 때 단체 여행을 갔다 와서 몸살이 났어요. (①).
그리고 이번 학기 내내 (②).

간토야 어디 아픈 건 아니에요?

제프리 아니에요. 그냥 피곤하고 입맛도 없어요.

간토야 저도 요즘 (③) 싫은데.

제프리 간토야 씨도요? 뭐, 시간이 지나면 괜찮아지겠지요.

간토야 그렇게 '시간이 해결해 주겠지.' 하고 생각하면 안 된대요.
그러다가 심해지면 (④) 한대요.

제프리 그러면 뭐 좋은 방법이라도 있어요?

간토야 물론이지요. 제가 예전에 템플 스테이를 한 적이 있는데 (⑤)
불안했던 마음도 안정되더라고요. 그래서 다음 주에 한 번 더 하려고 하는데 제프리 씨도 같이 할래요?

읽고 쓰기

1. 다음을 읽고 질문에 답하십시오.

> 먼저 절 주변을 산책하기로 했습니다. ___㉠___ 을/를 보라고 하는 스님의 말씀을 듣고 오랜만에 하늘과 개울과 나무를 바라봤습니다. 그렇게 하자 자연이 여러 가지 소리와 색깔과 향기로 저에게 말을 걸었습니다. 그리고 저는 ___㉡___ 을/를 바라봤습니다. 무엇이 그렇게 급했던 것일까요? 무엇이 나를 힘들게 했던 것일까요? 이렇게 천천히 자신에게 물으니 제가 저의 친구가 되는 느낌이 들었습니다. 전에는 (   ) 생각했었는데 아니었습니다. 대화는 자연하고도 할 수 있는 것이고 스스로하고도 나눌 수 있는 것이었습니다.

1) ㉠과 ㉡에 알맞은 말을 위의 글에서 찾아서 쓰십시오.

㉠: ______________________ ㉡: ______________________

2) (   ) 안에 들어갈 내용으로 가장 알맞은 것을 고르십시오. (   )

① 자연이 가장 좋은 친구라고
② 빠르게 움직이는 것이 좋다고
③ 타인과 말하는 것만이 대화라고
④ 대화를 하는 것이 가장 중요하다고

2. 다음을 읽고 (보기) 의 문장이 들어가기에 알맞은 곳을 고르십시오. (   )

> 새벽 4시 종소리에 잠이 깨어 이른 아침을 108배로 시작하였습니다. (㉠) 108배는 108번 절을 하면서 자신이 잘못한 108가지 일에 대해서 용서를 구한다는 의미입니다. 108배를 하는 동안 땀이 비 오듯이 흐르고 다리도 떨렸습니다. (㉡) 몸을 움직여서 그런지 아침밥도 꿀맛 같았습니다. (㉢) 식사를 하고 나서 개울 소리를 들으면서 혼자 차를 마시는데 새로운 사실을 알게 되었습니다. (㉣) 어제까지만 해도 몇 분도 그냥 놓지 못했던 휴대 전화를 하루 동안 잊고 살았고, 뭐든지 빨리해야 한다고 생각했던 제 마음은 저 하늘의 구름이 가듯이 느리게 느리게 흐르고 있었습니다.

보기

> 하지만 마음은 다시 태어난 것 같았습니다.

07과 한국의 역사와 상징

어휘·표현 1

1. 보기 에서 알맞은 어휘를 골라 문장을 완성하십시오.

보기				
번화가	궁궐	학자	정치가	국화

1) 나는 내 전공 분야에서 깊이 있는 연구를 하는 ________이/가 되고 싶다.

2) 조선의 수도였던 서울에는 왕이 살았던 다섯 개의 ________이/가 있다.

3) 무궁화는 변하지 않는 마음을 상징하는 한국의 ________이다.

4) 나는 조용한 곳보다 가게도 많고 사람도 많은 ________ 근처에 살고 싶다.

5) 그 사람은 국민의 작은 목소리에도 귀를 기울이는 훌륭한 ________이/가 되고 싶다고 했다.

2. 보기 에서 알맞은 표현을 골라 다음 글을 완성하십시오.

보기		
모범을 보이다	지도력이 뛰어나다	책임감이 강하다
검소하게 생활하다	전쟁에서 승리하다	

이순신 장군은 한국의 유명한 장군이다. 이순신 장군은 ____________아서/어서 사람들을 잘 이끌었다. 또한 높은 자리에서 화려하게 살 수 있었지만 낭비하지 않고 아껴 쓰면서 ____________았다/었다. 그리고 ____________아서/어서 자신이 맡은 일을 끝까지 했다고 한다. 또한 어려운 일이 생겼을 때 누구보다 먼저 어려운 사람들을 도와주곤 했다. 이렇게 평소 주위 사람들에게 ____________았기/었기 때문에 많은 사람들이 이순신 장군을 따랐다. 이순신 장군은 전쟁이 일어날 때마다 나라를 위해 최선을 다해 싸웠고 이순신 장군이 ____________(으)ㄴ 덕분에 나라를 지킬 수 있었다.

얼마나 -는지/(으)ㄴ지 모르다

1. 보기 와 같이 대화를 완성하십시오.

보기

가: 그 신발은 신기가 편해요?

나: 네, 얼마나 편한지 몰라요.

1) 가: ㅇㅇ 씨 고향에는 겨울에 눈이 많이 내려요?

나: 네, ________________________.

2) 가: 요즘 이리나 씨가 학교에 일찍 와요?

나: 네, ________________________.

3) 가: 동생 방에 인형이 많다면서요?

나: 네, ________________________.

4) 가: 요즘도 그렇게 바빠요?

나: 네, ________________________.

5) 가: 이번에 이사 간 집이 좋다면서요?

나: ________________________.

6) 가: 매일 단어 외우기가 정말 어렵지요?

나: ________________________.

2. 보기 와 같이 대화를 완성하십시오.

보기

가: 오늘 부모님이 한국에 오신다면서요?

나: 네, 이날을 얼마나 기다렸는지 몰라요.

1) 가: 바트 씨가 오늘 학교에 오다가 교통사고가 나서 병원에 입원했다면서요?

나: 네, 저도 방금 소식 듣고 ________________________.

2) 가: 어제 본 영화 어땠어요?

나: ____.

3) 가: 어제 마키 씨 생일 파티에 잘 다녀왔어요? 어땠어요?

나: ____.

4) 가: 방학 때 여행 다녀왔다면서요? 날씨는 좋았어요?

나: ____.

5) 가: 윤아 씨 동생은 어렸을 때 어땠어요?

나: ____.

-(으)ㄹ 정도로

1. 다음을 연결하여 한 문장으로 만드십시오.

1) 그 드라마는 너무 재미없다 •	—— • 거기에 나온 배우가 싫어지다
2) 그 사람은 힘이 정말 세다 •	• 중간에 포기하고 나가고 싶다
3) 길이 너무 좁다 •	• 다른 사람처럼 보이다
4) 내 친구는 목소리가 너무 작다 •	• 혼자 걷기도 힘들다
5) 시험이 너무 어렵다 •	• 냉장고를 혼자 들다
6) 친구가 화장을 많이 했다 •	• 바로 옆에 있는 사람도 못 듣다

1) 그 드라마는 너무 재미없어서 거기에 나온 배우가 싫어질 정도이다.

2) ____.

3) ____.

4) ____.

5) ____.

6) ____.

2. 보기 에서 알맞은 표현을 골라 대화를 완성하십시오.

보기

~~눈물이 나다~~	손가락 하나도 움직이지 못하다	화장실에 갈 시간도 없다
앞이 안 보이다	둘이 먹다 하나가 죽어도 모르다	발 디딜 틈이 없다

1) 가: 어제 윤아 씨랑 같이 떡볶이 먹으러 간다고 하더니 어땠어요?

나: 저는 떡볶이를 처음 먹어 봤는데 **눈물이 날 정도로** 매웠어요.

2) 가: 오늘 갑자기 비가 많이 내려서 운전하기가 정말 힘들었어요.

나: 맞아요. ______________________ 비가 많이 와서 조심해서 운전했어요.

3) 가: 일에 지쳐서 주말에는 ______________________ 피곤해요.

나: 저도 그래요. 그래서 주말에는 계속 침대에 누워 있어요.

4) 가: 어제 콘서트 간다고 하더니 어땠어요?

나: ______________________ 사람이 많아서 진짜 복잡했어요.

5) 가: 어제 동아리 모임에 왜 안 왔어? 못 오면 연락이라도 하지.

나: 미안해. 어제 갑자기 일이 생겨서 대사관에 다녀오느라고 ______________________ 바빴거든.

6) 가: 제프리 씨 어머니는 요리를 잘하세요?

나: 네, 어머니가 만든 음식은 ______________________ 맛있어요.

어휘 · 표현 2

1. 보기 에서 알맞은 어휘를 골라 문장을 완성하십시오.

보기				
덮다	달다	싣다	재개발하다	아쉬워하다

1) 오늘은 한글날이어서 대문 옆에 태극기를 ____________았다/었다.

2) 사람들이 편리하게 살 수 있도록 오래된 동네를 ____________았다/었다.

3) 거실에서 잠을 자는 동생이 추울 것 같아서 이불을 ____________아/어 주었다.

4) 내일 여행이 끝나서 사람들은 시간이 가는 것을 ____________았다/었다.

5) 이사가 일주일밖에 안 남았는데 짐을 ____________(으)ㄹ 차를 못 구해서 걱정이다.

2. 보기 에서 알맞은 어휘를 골라 대화를 완성하십시오.

보기				
평화	허락	재산	신조어	영원히

1) 가: 사람이 죽지 않고 ________ 살 수 있을까?

나: 지금은 불가능하지만 먼 미래에는 그렇게 될 것 같아.

2) 가: 이번 국제 회의에서 무엇에 대한 이야기를 했습니까?

나: 세계 ________을/를 위해 어떤 노력을 해야 하는지 이야기했습니다.

3) 가: 그동안 힘들게 모은 ________(으)로 학교를 세우셨는데요. 정말 대단하십니다.

나: 제 오랜 꿈이었습니다. 이렇게 꿈을 이루게 되어 정말 좋습니다.

4) 가: 누구든지 이 행사에 참가할 수 있습니까?

나: 미성년자는 부모님의 ________을/를 받아야 참가 신청을 할 수 있습니다.

5) 가: 요즘 학생들은 이해할 수 없는 단어를 많이 말하는 것 같아요.

나: 맞아요. 학생들끼리 ________을/를 만들어서 사용하니까 무슨 말을 하는지 모르겠어요.

치고

1. 보기 와 같이 문장을 완성하십시오.

보기

한국인치고 **세종 대왕을 모르는 사람은** 없어요.

1) 요즘 아이들치고 ______________________ 은/는 없어요.
(이 가수를 모르다)

2) 직장인치고 ______________________ 은/는 없어요.
(휴일을 좋아하지 않다)

3) 한국에 여행 온 사람치고 ______________________ 은/는 없어요.
(경복궁에 가 보지 않았다)

4) 부모치고 ______________________ 은/는 없어요.

5) 우리 학교 학생치고 ______________________.

6) 우리 고향 사람치고 ______________________.

2. 보기 와 같이 대화를 완성하십시오.

보기

가: 아이들을 좋아하는 사람은 마음이 착한 것 같아요.

나: 맞아요. **아이들을 좋아하는 사람치고 착하지 않은 사람은 없을 거예요.**

1) 가: 말을 많이 하는 사람은 말실수를 자주 하는 것 같아요.

나: 맞아요. ______________________.

2) 가: 라면 같은 인스턴트 음식은 건강에 안 좋지요?

나: 당연하지요. ______________________.

3) 가: 제프리 씨처럼 책을 많이 읽는 사람은 다 똑똑한 것 같아요.

나: 맞아요. ______________________________.

4) 가: 이 소설가가 쓴 책은 다 재미있는 것 같아요.

나: 맞아요. ______________________________.

5) 가: 이리나 씨는 매일 운동을 해서 그런지 건강해 보여요.

나: 맞아요. ______________________________.

6) 가: 이 회사 제품은 품질이 좋더라고요.

나: 맞아요. ______________________________.

–는 데

1. 보기 와 같이 문장을 완성하십시오.

> **보기**
>
> 조용한 음악을 들으면 **집중하는 데** 도움이 된다.

1) 사전은 ______________ 필요하다. (단어를 찾다)

2) 채소를 먹는 것이 ______________ 도움이 된다. (건강해지다)

3) 커피를 마시면 ______________ 도움이 된다. (잠을 깨다)

4) 여행을 하는 것이 ______________________ 좋다.

5) 드라마를 많이 보면 ______________________ 좋다.

2. 보기 와 같이 대화를 완성하십시오.

> **보기**
>
> 가: 앞에 나가서 발표할 때 너무 긴장돼요.
>
> 나: **숨을 크게 쉬면 긴장을 푸는 데 도움이 될 거예요.**

1) 가: 요즘 스트레스를 많이 받아서 너무 힘들어요. (노래방에서 노래를 부르다)

나: ______________________________.

2) 가: 푹 자고 싶은데 잠이 오지 않아서 걱정이에요. (자기 전에 따뜻한 물로 샤워하다)

나: ______________________________.

3) 가: 어떻게 하면 쓰기 실력을 기를 수 있을까요?

나: ______________________________.

4) 가: 무엇을 하면 한국에서 다양한 경험을 쌓을 수 있을까요?

나: ______________________________.

5) 가: 어떻게 하면 음식을 잘 만들 수 있을까요?

나: ______________________________.

듣고 말하기

1. 잘 듣고 문장을 완성하십시오.

1) 07-1

애국가에도 나오는 무궁화는 옛날부터 (①) 꽃으로 '(②)' 이라는 뜻을 가지고 있습니다. 무궁화는 꽃이 한 번에 모두 피지 않습니다. 어떤 꽃이 피면 어떤 꽃은 지고, 어떤 꽃이 지면 어떤 꽃은 핍니다. 그래서 (③) 보입니다.

2) 07-2

제프리 그런데 왜 (①)?

윤아 현충일은 (②) 기념하는 날이에요. 이렇게 슬픈 날에는 국기의 세로 길이만큼 아래에 달아요.

제프리 그래요? 그럼 아래에 달지 않는 날은 언제예요?

윤아 개천절이나 한글날 같은 국경일에는 (③).

3) 🎧 07-3

제프리 아, 국기 이름이 태극기군요. 태극기 색깔과 가운데에 있는 무늬가 참 멋있네요.

윤아 가운데 있는 그 무늬 이름은 '태극'이에요. 태극 무늬에서 위에 있는 (①) '해'를 의미하고 아래 (②) '달'을 의미해요.

제프리 그럼, 저 검은색 줄도 뜻이 있어요?

윤아 네, 그 (③) 줄은 각각 '하늘', '땅', '물', '불'을 상징해요. 그리고 태극기의 (④) '평화'를 상징하고요.

읽고 말하기

1. 다음을 읽고 요약하십시오.

1) 한양의 북쪽, 북촌에는 주로 나라에서 높은 위치에 있으며 재산이 넉넉하고 학식이 깊은 양반들이 모여 살았다. 그래서 크고 넓은 집이 많았다. 북촌은 경복궁, 육조 거리와 가까워서 나라의 일을 하는 사람들이 살기가 좋았다. 현재 이곳은 유명한 관광지가 되었다.

→ 북촌은 나라에서 ______________에 있는 ______________들이 사는 곳이었다.
현재 이곳은 ______________이/가 되었다.

2) 운종가는 물건을 사고파는 사람들이 구름처럼 모인다고 하여 붙여진 이름이다. 이곳은 한양의 대표적인 시장으로 신발, 종이, 그릇 등 생활하는 데 필요한 여러 가지 물건을 팔았다. 이곳의 현재 이름은 '종로'이다. 종로는 서울시의 대표적인 번화가 중 하나이다.

→ 운종가는 한양의 ______________였다/이었다. 현재 이곳은 ______________이다.

2. 다음을 읽고 순서대로 맞게 배열하십시오.

1)

(가) 그래서 사람들은 그런 상황을 피하기 위해 이 골목으로 다녔다.

(나) 그렇게 사람들이 여기로 모이면서 자연스럽게 저렴한 음식점들이 생겼다.

(다) 조선 시대에 생긴 피맛골은 '말을 피하는 골목'이라는 뜻을 가지고 있다.

(라) 그때는 높은 자리에 있는 관리가 말을 타고 오면 사람들은 그 관리가 지나갈 때까지 땅에 엎드려 있어야 했다.

(다) - ( ) - ( ) - ( )

2)

(가) 현재는 강의 양쪽을 잇는 다리가 지어지면서 처음의 기능을 잃어버렸다.

(나) 이곳은 물건을 실어 옮기거나 사람들이 먼 곳으로 이동할 때 이용되었다.

(다) 조선 시대에 나루는 강이나 좁은 바다에서 배가 출발하고 도착하는 장소였다.

(라) 그래서 근처에 술과 음식을 팔기도 하고 사람들이 묵기도 하는 장소가 생겼다.

(다) - ( ) - ( ) - ( )

08과 생활과 경제

어휘·표현 1

1. 보기 에서 알맞은 어휘를 골라 문장을 완성하십시오.

보기

절약하다 개선하다 할인하다 무절제하다 과소비하다

1) 나는 그동안 물건을 너무 많이 사서 ____________는/(으)ㄴ 편이었는데 이제부터는 그런 습관을 버리고 돈을 아껴 써야겠다.

2) 요즘 자주 과식을 했더니 소화가 안 돼서 병원에 갔는데 의사가 나에게 ____________는/(으)ㄴ 식습관을 고쳐야 한다고 했다.

3) 시간은 돈처럼 중요한 것이기 때문에 시간을 낭비하지 말고 ____________아야/어야 한다.

4) 학교에서는 학생들이 편하게 쉴 수 있도록 휴식 공간을 ____________기로 했다.

5) 성북마트에서 내일부터 일주일 동안 생활용품을 30% 이상 ____________아서/어서 판매한다고 한다.

2. 보기 에서 알맞은 표현을 골라 다음 글을 완성하십시오.

보기

수입이 생기다 합리적으로 소비하다 충동구매를 하다 판매 전략을 세우다 매출이 떨어지다

작은 커피숍의 사장인 김영수 씨는 ____________________(으)면 주로 쇼핑을 했다. 여러 가게의 물건 가격을 비교해 가면서 ____________________(으)ㄹ 때도 있었지만 보통은 마음에 드는 물건을 보자마자 ____________________(으)ㄹ 때가 더 많았다. 쇼핑하느라고 저축은 거의 하지 않아서 커피숍을 연 지 5년이 지났는데도 돈을 거의 모으지 못했다. 그뿐만 아니라 얼마 전에는 근처에 새 커피숍이 생겨서 예전보다 커피숍의 ____________________았다/었다. 김영수 씨는 커피숍의 문을 닫게 될까 봐 걱정이 되었다. 이렇게 지내면 안 될 것 같아서 쇼핑도 줄이고 커피와 음료를 더 잘 팔기 위한 ____________________기로 했다. 그래서 요즘은 새벽부터 경영에 대한 강의를 듣고 새로운 메뉴를 연구하기도 한다.

-는 김에

1. 다음을 연결하여 한 문장으로 만드십시오.

1) 경주에 여행을 가다 •	• 친구에게 줄 것도 샀다
2) 내가 먹을 빵을 사다 •	• 책상 정리도 좀 했다
3) 일본어를 배우다 •	• 친구가 맡긴 휴대폰을 찾아다가 줬다
4) 서비스 센터에 컴퓨터를 맡기다 •	• 거기에 사는 친구도 만나려고 하다
5) 방 청소를 했다 •	• 일본의 문화도 알아보고 싶다
6) 음식 재료를 많이 샀다 •	• 내일 먹을 것까지 만들어 놓아야겠다

1) 경주에 여행을 가는 김에 거기에 사는 친구도 만나려고 해요.

2) ______________________.

3) ______________________.

4) ______________________.

5) ______________________.

6) ______________________.

2. 보기 와 같이 대화를 완성하십시오.

보기

가: 지금 커피숍에 갈 거예요.

나: 그럼 커피숍에 가는 김에 아메리카노 한 잔만 사다가 줄래요?

1) 가: 내일 아침에 먹을 샌드위치를 만들 거예요.

나: ______________________ 제 것도 만들어 줄래요?

2) 가: 이따가 투안 씨 생일 선물 사러 홍대에 갈 거예요.

나: ______________________________.

3) 가: 택배가 왔다고 해서 관리 사무소에 가려고 해요.

나: ______________________________.

4) 가: 오늘 저녁 때 빨래를 하러 세탁실에 갈 거예요.

나: ______________________________.

5) 가: 이번 학기에 몇 반이 됐는지 인터넷 홈페이지에서 찾아봐야겠어요.

나: ______________________________.

-(으)ㄹ지도 모르다

1. 보기 와 같이 대화를 완성하십시오.

보기

가: 비행기 타기 두 시간 전에 공항에 가면 될까요?

나: 두 시간 전에 가면 **늦을지도 몰라요.**

1) 가: 요즘 스트레스가 심해서 거의 매일 술을 마셔요.

나: 그렇게 날마다 술을 마시다가 보면 ______________________________.

2) 가: 오늘은 피곤하니까 숙제하지 말고 잘까 해요.

나: 어제도 안 했잖아요. 계속 그렇게 미루면 ______________________________.

3) 가: 아직 10시밖에 안 됐는데 조금만 더 놀고 들어가요.

나: 기숙사에 너무 늦게 들어가면 ______________________________.

4) 가: 생활용품을 싸게 팔아서 좀 많이 샀어요.

나: 싸게 판다고 해서 불필요한 것들까지 사면 ______________________________.

5) 가: 이번 시험은 쉬울 것 같은데 하루 전에 공부를 시작하면 되겠지요?

나: 아무리 시험이 쉬워도 잘 준비하지 않으면 ______________________.

6) 가: 깜박하고 음식을 냉장고에 안 넣었는데 괜찮을까요?

나: 이렇게 더운 날씨에 음식을 냉장고에 넣지 않으면 ______________________.

2. 보기 와 같이 대화를 완성하십시오.

보기

가: 웬일로 이렇게 일찍 왔어요?

나: **길이 막힐지도 몰라서** 보통 때보다 서둘렀어요.

1) 가: 와, 음식이 정말 많네요.

나: ______________________아서/어서 충분히 만들어 놓았어요.

2) 가: 9월이 다 지났는데 여름옷이 그대로 옷장에 있네요.

나: ______________________아서/어서 아직 정리하지 않았어요.

3) 가: 친구들한테 식당 이름을 가르쳐 줬는데 잘 찾아올까요?

나: ______________________(으)니까 지도를 보내 주지 그래요?

4) 가: 어제 비가 와서 등산을 못 했는데 오늘은 비가 안 오니까 등산을 가야겠어요.

나: ______________________(으)니까 다음에 가는 게 좋을 것 같아요.

5) 가: 우리 심심한데 마키 씨 방에 놀러 갈까요?

나: ______________________(으)니까 먼저 전화해 보고 가는 게 어때요?

어휘·표현 2

1. 보기 에서 알맞은 어휘를 골라 문장을 완성하십시오.

보기

산업　　원리　　추세　　신제품　　지속적

1) 사람들이 일할 수 있는 일자리가 충분해야 ____________(으)로 경제가 발전할 수 있다.
2) 서울은 교통이 편리하고 사람이 많아서 여러 가지 서비스 ____________이/가 발달했다.
3) 텔레비전에서 자동차가 달리는 ____________에 대한 프로그램을 보고 나니까 매일 타는 자동차가 어떻게 움직이는지 조금 더 알게 되었다.
4) 휴대폰은 ____________이/가 자주 나와서 일 년 전에 산 것도 오래된 것처럼 느껴진다.
5) 뉴스에 따르면 제주도를 방문하는 일본인 관광객이 증가하는 ____________(이)라고 한다.

2. 보기 에서 알맞은 어휘를 골라 다음 글을 완성하십시오.

보기

감소하다　　불과하다　　발달하다　　전망되다　　늘어나다

병을 고치는 기술이 ______________(으)면서 노인 인구가 예전에 비해 증가했고 이에 따라 병원 등도 많아지고 있다. 그러나 아이를 낳지 않는 부부가 많아지면서 유치원이나 학교 같은 교육 시설은 예전에 비해서 ______________고 있다. 노인 인구는 앞으로 점점 많아질 것이기 때문에 노인의 생활과 관계있는 시설은 계속 ______________(으)ㄹ 것으로 ______________ㄴ다/는다. 그런데 조사에 의하면 자녀에게 경제적인 도움을 받는 노인은 30%에 ______________(으)ㄴ 것으로 나타나, 경제적인 문제로 힘들어하는 노인도 많다는 것을 알 수 있다.

-거든

1. 보기 에서 알맞은 말을 골라 대화를 완성하십시오.

보기

~~바쁘지 않다~~	먹어 보고 맛있다	비가 그치다
많이 불편하다	내가 보고 싶다	시간이 별로 없다

1) 가: 방 정리며 청소며 할 일이 많은데 혼자 할 수 있겠어요?

나: __바쁘지 않거든__ 조금만 도와주세요.

2) 가: 이렇게 헤어지게 돼서 정말 섭섭하다.

나: ______________________ 언제든지 메시지를 보내.

3) 가: 비가 와서 계속 창문을 닫아 놓았더니 집 안 공기가 별로 안 좋네요.

나: ______________________ 창문을 좀 열어야겠어요.

4) 가: 오늘 수업이 끝나고 정문 옆에 새로 생긴 식당에 가 보려고 해요.

나: ______________________ 말해 주세요.

5) 가: 3일 후에 시험인데 아직 시험공부를 시작도 못 했어요.

나: ______________________ 우선 중요한 것부터 외우세요.

6) 가: 새로 산 신발을 신었더니 발이 아파서 걷기가 힘들어요.

나: ______________________ 잠깐 저기에서 쉬었다가 갈까요?

2. 보기 와 같이 대화를 완성하십시오.

보기

가: 조금 후에 마키 씨가 올 텐데 어디 가요?

나: 금방 돌아올게요. __마키 씨가 오거든 조금만 기다리라고 해 주세요.__

1) 가: 오늘 너무 바빠서 밥 먹을 시간도 없었어요.

나: ______________________ 식탁 위에 김밥 있으니까 좀 드세요.

2) 가: 선생님, 책을 집에 놓고 온 것 같아요.

나: ______________________ 옆 사람하고 같이 보도록 하세요.

3) 가: 한 시간만 기다리면 드라마가 시작하는데 너무 졸려요.

나: 그럼 좀 자요. ______________________________ 깨워 줄게요.

4) 가: 명동 백화점 앞에 새로 생긴 일식집 정말 맛있던데요.

나: 그래요? 다음에 ______________________________.

5) 가: 내일 우리 같이 축구하기로 했잖아요. 그런데 일기 예보를 보니까 비가 온대요.

나: ______________________________.

-는/(으)ㄴ 반면에

1. 보기 와 같이 문장을 완성하십시오.

> 보기
>
> 나는 **성격이 급한 반면에** 내 동생은 뭐든지 천천히 한다.

1) 나이가 많은 사람들은 ______________________________ 젊은 사람들은 명절을 별로 중요하게 생각하지 않는다.

2) 내일 서울과 경기도는 ______________________________ 부산과 제주도는 날씨가 맑겠습니다.

3) 인터넷 쇼핑은 구입할 때 ______________________________ 교환이나 환불할 때 불편하다.

4) 영화 '아름다운 날'은 ______________________________ 여자들에게 인기가 많다.

5) 학교 식당은 ______________________________ 음식 종류가 다양하지 않다.

6) 그 가수는 ______________________________ 한국에서는 별로 인기가 없다.

2. 보기 와 같이 표 또는 그래프의 내용을 설명하는 문장을 쓰십시오.

보기

	10대	30대
1위	힙합	발라드
2위	발라드	록
3위	…	…

[좋아하는 음악]

10대는 힙합 음악을 가장 좋아하는 반면에 30대는 발라드 음악을 가장 좋아한다.

1)

	여자	남자
1위	건강	성공
2위	가족	건강

[인생에서 중요하다고 생각하는 것]

여자는 인생에서 건강이 가장 중요하다고

2)

	한국	중국
1위	야구	농구
2위	축구	축구

[인기 있는 스포츠]

3)

강원도	제주도
8.2℃	17.4℃

[평균 기온]

4)

영어영문학과	자동차공학과

[전공별 학생 수]

5)

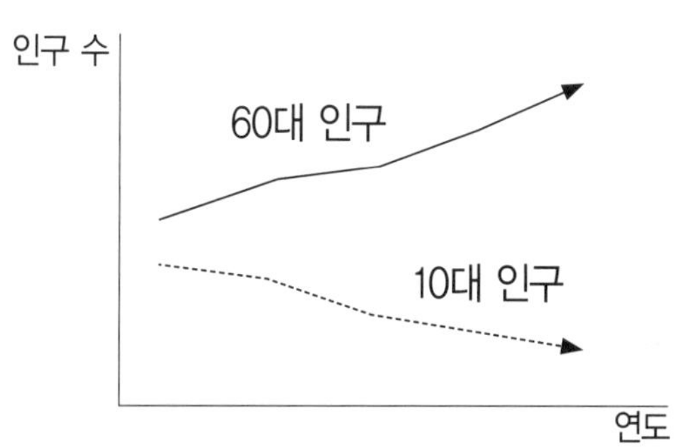

[10대 인구와 60대 인구]

듣고 말하기

1. 잘 듣고 문장을 완성하십시오.

1) 08-1

교수 다른 학생들도 이 학생과 비슷한 경험이 있을 겁니다. 우리나라 편의점의 구조가 (①) 구조이기 때문에 그렇습니다. 소비자가 충동구매를 하도록 하는 (②). 자, 이제부터 편의점의 판매 전략 세 가지를 설명하겠습니다. 먼저 간단한 것부터 살펴봅시다. 여러분은 보통 편의점에서 뭘 자주 사나요?

학생(남) 저는 음료수를 자주 사는 편입니다.

교수 네, 학생 말대로 음료수는 (③) 물건 중의 하나입니다. 그런데 음료수는 어디에 있나요?

2) 08-2

학생(여) 교수님, 질문이 있습니다. (①) 달라지는 것 같던데 그 이유는 무엇입니까?

교수 좋은 질문입니다. 여러 가지 이유 때문에 달라질 수 있는데 그중의 하나는 계절입니다. 간식을 예로 들면, 초콜릿은 겨울에, 사탕은 봄과 여름에 (②). 그래서 날씨가 추울 때는 초콜릿을 위쪽에, 따뜻해지면 사탕을 위쪽에 놓습니다. 요즘은 날씨가 추우니까 초콜릿이 잘 보이겠지요? 여러분도 (③) 한번 잘 보십시오. 자, 이제 마지막 전략에 대해서 이야기해 보겠습니다. 마지막 전략도 진열대와 관계있는 것입니다. 혹시 (④) 아는 사람 있나요?

읽고 쓰기

1. 다음 그래프를 보고 ㉠과 ㉡에 각각 들어갈 내용을 쓰십시오.

[2018년 20대의 월 평균 지출 내역]

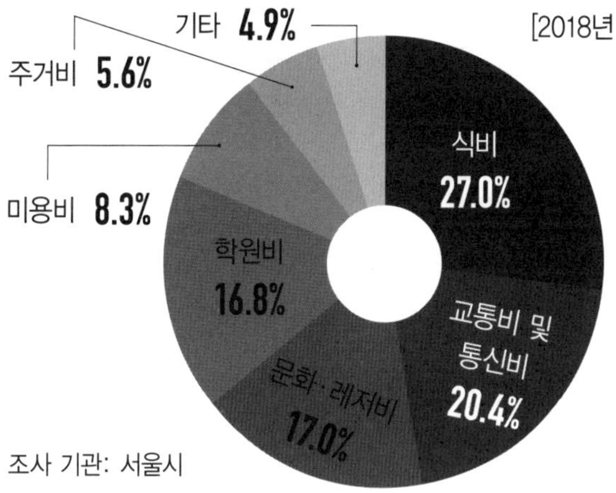

조사 기관: 서울시

> 서울시에서 '2018년 20대의 월 평균 지출 내역'에 대해 조사를 실시하였다. 그 결과는 다음과 같다. 우선 전체 지출 중에서 (㉠). 이어서 교통비 및 통신비가 20.4%로 그 뒤를 이었다. 다음으로 문화·레저비가 17%, 학원비가 16.8%로 나타났다. 그리고 미용비가 8.3%로 나타났으며 마지막으로 주거비가 5.6%로 전체 지출 중에서 (㉡).

㉠: ______________________________

㉡: ______________________________

2. 다음을 읽고 보기 의 문장이 들어가기에 알맞은 곳을 고르십시오. (　　　)

> 전체 소비 지출 중에서 식비의 비율은 줄어들고 문화·레저비의 비율은 늘어난 원인은 두 가지가 있다. (㉠) 먼저 식비의 비율이 감소한 이유는 가정의 수입이 늘어났기 때문이다. (㉡) 다음으로 문화·레저비의 비율이 증가한 이유는 문화 및 레포츠 산업이 발달했기 때문이라고 할 수 있다. (㉢) 이전보다 여가 활동에 관심이 많아지면서 이와 관련된 산업도 발달한 것이다. (㉣) 이러한 추세가 계속된다면 앞으로도 전체 소비 지출 중에서 식비의 비율은 감소하고 문화·레저비의 비율은 지속적으로 증가할 것으로 전망된다.

보기

> 수입이 늘어나면 전체 지출 중 식비의 비율은 줄어들기 마련이다.

종합 문제 (01~08과)

어휘 · 표현

1. 다음 (보기) 에서 알맞은 어휘를 골라 빈칸에 쓰십시오.

보기

동기	보람	만원	모범	지식
결항	입장	기부	예정	책임감

1) 출퇴근길에는 버스를 이용하는 사람이 많아서 버스가 항상 ________이다.

2) 책에서 배우는 ________도 중요하지만 직접 경험을 하면서 배우는 것도 중요하다.

3) 우리 회사에 지원하게 된 ________이/가 무엇입니까?

4) 비행기 ________(으)로 인해 계획했던 여행이 취소됐다.

5) 생활이 어려운 이웃을 위해 한 달에 3만 원씩 ________을/를 하고 있다.

6) 저는 ________이/가 강해서 맡은 일은 끝까지 합니다.

7) 회의가 금방 끝날 줄 알았는데 ________보다 늦게 끝나서 예매해 놓은 영화를 보지 못했다.

8) 네가 형이니까 먼저 ________을/를 보이면 동생도 너를 따라 할 거야.

9) 이번 시험 성적이 좋아서 열심히 공부한 ________을/를 느꼈다.

10) 친구가 나한테 화를 냈을 때 나도 화가 났는데 나중에 ________을/를 바꿔 생각해 보니까 친구를 조금 이해할 수 있을 것 같았다.

2. 다음 (보기) 에서 알맞은 어휘를 골라 빈칸에 쓰십시오.

보기

싣다 향하다 취하다 이르다
격려하다 극복하다 검소하다
배려하다 색다르다 풍부하다

1) 오늘 아침에는 길이 막히지 않아서 평소보다 ________는/(으)ㄴ 시간에 회사에 도착했다.

2) 그 사람은 부자이지만 돈을 아껴 쓰면서 ________게 생활한다.

3) 아직 이삿짐을 ________(으)ㄹ 차가 오지 않아서 계획한 것보다 이사가 늦어지고 있다.

4) 잘하지 못할까 봐 걱정하고 있는데 부모님께서 잘할 수 있다고 ________아/어 주셔서 힘이 났다.

5) 지금까지 하지 못했던 ________는/(으)ㄴ 경험을 해 보고 싶어서 템플 스테이를 신청했다.

6) 휴식을 잘 ________아야/어야 일도 더 잘할 수 있다.

7) 우리는 경복궁을 구경한 후에 차를 타고 다음 장소로 ________았다/었다.

8) 그동안 힘든 일도 많았지만 어려움을 모두 ________고 사업가로 성공하였다.

9) 내 친구는 감정이 ________아서/어서 다른 사람들에 비해 눈물도 많고 웃음도 많다.

10) 어제 일찍 잠자리에 들었는데 룸메이트가 이런 나를 ________아서/어서 방의 불을 꺼 줬다.

3. 다음 문장을 읽고 (　　)에 들어갈 알맞은 어휘를 고르십시오.

1) (　　)

공사로 인해 불편을 드려 (　　　) 죄송합니다.

① 통　　② 한참　　③ 각자　　④ 대단히

2) (　　)

집에 들어올 때 (　　　) 스마트폰을 손에 들고 있었는데 전화를 하려고 찾으니까 없다.

① 마치　　② 오히려　　③ 분명히　　④ 터벅터벅

3) (　　)

동생한테 물어볼 게 있어서 전화하려고 하는데 (　　　) 동생이 나한테 전화를 했다.

① 마침　　② 똑같이　　③ 차라리　　④ 솔직히

4) (　　)

나를 도와준 친구에게 고마운 마음을 표현하기 위해서 작은 선물을 준비하고 (　　) 편지를 썼다.

① 정성껏　　② 그대로　　③ 최대한　　④ 영원히

5) (　　)

오늘 중부 지방은 기온이 높고 날씨가 맑겠습니다. (　　　) 남부 지방에서는 바람이 강하게 불고 비가 오는 곳도 있으니 외출하실 때 우산을 챙기셔야겠습니다.

① 결국　　② 한편　　③ 아무리　　④ 그러므로

4. 다음 밑줄 친 부분과 의미가 반대인 것을 고르십시오.

1) (　　)

어제 있었던 축구 경기에서 우리 팀이 안타깝게 졌다.

① 권했다　　② 이겼다　　③ 따졌다　　④ 양보했다

2) (　　)

거짓말을 하는 것은 옳은 행동이 아니다.

① 그른　　② 이른　　③ 신기한　　④ 자랑스러운

3) (　　)

말씀하신 의견에 부분적으로 동의합니다.

① 계획적으로　　② 인상적으로
③ 전체적으로　　④ 합리적으로

4) (　　)

한국에 대한 관심이 높아지면서 한국으로 유학을 오는 외국인들도 늘어났다.

① 감소했다　② 도달했다
③ 발달했다　④ 불과했다

5) (　　)

지난주에 구입한 노트북에 문제가 생겨서 서비스 센터에 맡겼다.

① 소비한　② 판매한　③ 할인한　④ 절약한

5. 빈칸에 공통으로 들어갈 수 있는 어휘를 쓰십시오.

보기

(**쌓이다**)
- 오랫동안 청소를 하지 않았더니 책상 위에 먼지가 많이 ________았어요/었어요.
- 저는 스트레스가 ________(으)면 친구를 만나서 수다를 떨거나 노래방에 가요.

1) (　　　　)

- 여행지에 가면 그곳의 물건 가격을 잘 몰라서 바가지를 ________(으)ㄹ 수 있으니까 주의하세요.
- 사람들은 보통 나이가 들수록 건강에 신경을 ________게 됩니다.

2) (　　　　)

- 가: 왜 저녁을 같이 안 먹어요?
  나: 요리하는 동안 계속 맛을 ________아/어 가면서 만들었더니 별로 먹고 싶지 않네요.
- 가: 뭘 이렇게 많이 샀어요?
  나: 오늘 저녁에 불고기를 만들어 먹으려고 마트에 가서 장을 좀 ________았어요/었어요.

3) (　　　　)

- 엄마가 잠이 든 아기의 얼굴을 보면서 미소를 ________고 있다.
- 초등학교 근처에 새 건물을 ________고 있어서 공사 소음이 심하다.

4) (　　　　)

- 운전면허증을 ________(으)ㄴ 지 얼마 안 돼서 아직 운전하는 게 서툴러요.
- 제주도에 가니까 귤나무에서 귤을 직접 ________아/어 가지고 갈 수 있는 체험 프로그램이 많던데요.

문법

6. 빈칸에 알맞은 표현을 고르십시오.

1) (　　)

> 가: 한국 신문을 읽는데 모르는 단어가 많아서 이해하기가 어렵네요.
> 나: 그럼 단어를 __________ 읽어 보세요.

① 찾고자　　② 찾을 겸
③ 찾는 데　　④ 찾아 가면서

2) (　　)

> 가: 이제 김치찌개도 잘 먹네요. 전에는 매운 음식을 못 먹었잖아요.
> 나: 처음에는 그랬는데 자주 __________ 잘 먹게 됐어요.

① 먹기에는　　② 먹는 대로
③ 먹다 보니　　④ 먹었더라면

3) (　　)

> 가: 남자와 여자는 어떤 점이 다릅니까?
> 나: 조사 결과에 따르면 남자는 일의 결과를 __________ 여자는 일의 과정을 중시한다고 합니다.

① 중시하자　　② 중시할 정도로
③ 중시한다고 해서　　④ 중시하는 반면에

4) (　　)

> 가: 왜 약속을 취소했어요?
> 나: 일도 __________ 취소했어요.

① 많듯이　　② 많고 해서
③ 많은가 하면　　④ 많은 데다가

5) (　　)

> 가: 너무 아파서 먼저 집에 가야겠어.
> 나: 그래, 일찍 집에 가서 푹 쉬어. 그리고 걱정되니까 집에 ________ 전화해.

① 가거든　　② 가려다가
③ 가는 김에　　④ 가느니 차라리

7. 알맞은 문법을 골라 문장을 완성하십시오. 문법은 한 번만 사용하십시오.

보기

–자	만 하다	–듯이
–는/(으)ㄴ 반면에		–(으)ㄹ 정도로

> 산 정상에 1)__________(도착하다) 시원한 바람 덕분에 기분이 상쾌해졌다. 하늘이 마치 손에 닿을 것처럼 가깝고 산 정상에서 바라보는 경치는 2)__________(말로 표현할 수 없다) __________ 아름다웠다. 맑은 공기를 마시면서 아름다운 경치를 바라보니 그동안 쌓인 스트레스가 3)__________(눈 녹다) 사라졌다.

높은 곳에서 바라보니 산 아래 내가 살고 있는 세상이 4)________(손바닥)아/어 보였다. 그리고 그곳에서 일어나는 문제들도 모두 작게 느껴졌다. 오랜만에 산에 올라왔더니 몸은 5)________(힘들다) 마음은 편안해지는 것 같았다.

8. 알맞은 문법을 골라 문장을 완성하십시오. 문법은 한 번만 사용하십시오.

보기

-는 데	-더니	-다 보니
-는 대로		-던가요?

가: 마키 씨, 요가 학원에 1)________(다닌다고 하다) 전보다 덜 피곤해하는 것 같아요.

나: 그러게요. 꾸준히 2)________(하다) 건강이 많이 좋아졌어요.

가: 처음 배울 때 요가 동작이 3)________(어렵지 않다)?

나: 저도 걱정했는데 쉬운 동작부터 시작하니까 할 만 하더라고요. 그냥 요가 선생님을 보면서 선생님이 4)________(하다) 따라 하면 돼요.

가: 그렇군요. 저도 운동을 좀 해야 하는데…….

나: 장설 씨도 요가를 한번 해 보세요. 몸도 가벼워지고 스트레스를 5)________(풀다) 도움도 돼요.

가: 그럼 저도 한번 배워 볼까요?

9. 보기 에서 알맞은 것을 골라 문장을 완성하십시오. 문법은 한 번만 사용하십시오.

보기

-는 데	대로	-더니
-(으)려다가		-았더라면/었더라면
-기 마련이다		-(으)ㄹ지도 모르다

1) 가: 주말에 영화관에 간다고 하더니 영화는 재미있게 봤어요?

나: 안 갔어요. 몸이 안 좋아서 ________________.

2) 가: 집에 갈 때 버스 타려고 하는데 괜찮을까요?

나: 글쎄요, 금요일이라서 길이 ________________.

3) 가: 1년 전 처음 한국에 왔을 때는 불편한 게 많았는데 지금은 한국 생활에 많이 익숙해졌어요.

나: 당연하지요. ________________.

4) 가: 부자들은 아무 걱정도 없겠지요?

나: 그렇지 않아요. ________________ 힘든 점이 있을 거예요.

5) 가: 인생에서 가장 후회되는 것이 뭐예요?

나: 고등학교 때 공부를 안 해서 좋은 대학교에 못 갔어요.

______________________________.

6) 가: 어떻게 하면 한국어 듣기 실력을 높일 수 있을까요?

나: 한국 드라마를 즐겨 보면 ______________

______________________________.

7) 가: ○○ 씨 친구가 유명한 가수라면서요?

나: 네, 그 친구가 어렸을 때부터 ______________

______________________________.

10. 다음 문법을 사용하여 문장을 완성하십시오.

1) 가: 내일 갑자기 시험을 본다고 하면 학생들이 싫어하겠지요?

나: 그럼요. ______________________치고

______________________________.

2) 가: 마키 씨는 친구들한테 인기가 많은 것 같아요.

나: 네, ________________는/(으)ㄴ 데다가

______________아서/어서 인기가 많아요.

3) 가: 어제 축제에 사람이 정말 많았다면서요?

나: 그럼요, ________________(으)ㄹ 정도로

______________________________.

4) 가: 여행사에 다니면 여러 나라에 가 볼 수 있겠지요?

나: ______________ㄴ다고/는다고/다고 해서

______________________________.

5) 가: 왜 그 사람 말을 믿지 않아요?

나: 그 사람은 ________듯이 ______________.

그러니까 아무도 그 사람을 믿지 못하지요.

6) 가: 이사한 집은 마음에 들어요?

나: 아니요, 방이 ________________만 해서

______________________________.

7) 가: 선생님, '공항' 발음이 너무 어려워요.

나: ______________________는 대로

______________________________.

8) 가: 다음 주에 고향에서 부모님이 오시는데 어디를 구경하면 좋을까요?

나: 남이섬에 가 보세요. 얼마나 ______________

______________는지/(으)ㄴ지 몰라요.

9) 가: 제주도에 가 봤지요? ______________던가요?

나: 서울보다 따뜻하던데요.

10) 가: 왜 우리 회사에 지원하셨습니까?

나: ______________고자 ______________

______________________________.

11) 가: 오늘 하루 종일 춥다고 하던데 왜 이렇게 옷을 얇게 입고 왔어요? 일기 예보를 못 봤어요?

나: 네, ____________________았어야/었어야 했는데 ____________________. 정말 춥네요.

11. 보기 와 같이 대화를 완성하십시오.

보기

가: 여기에서 아이들이 놀아도 괜찮을까요?

나: 안 돼요. **물이 깊어서 아이들이 놀기에는 위험해요.**

(물 / 깊다 / 아이들 / 놀다 / 위험하다)

1)

가: 투안 씨가 수영 대회에서 1등을 했는데 이번 시험에서도 100점을 받았대요.

나: 대단해요. ____________________

____________________.

(투안 씨 / 공부 / 운동 / 못하는 것 / 없다)

2)

가: 손님, 죄송합니다. 지금 자리가 없습니다.

나: ____________________

____________________.

(아까 / 전화하다 / 자리 / 있다)

3)

가: 담뱃값을 올리는 것에 대해서 사람들이 어떻게 생각하나요?

나: ____________________

____________________.

(찬성하다 / 사람 / 있다 / 반대하다 / 사람 / 있다)

4)

가: 왜 태권도 동아리에 가입했어요?

나: ____

____.
(태권도 / 배우다 / 친구 / 사귀다 / 태권도 동아리 / 들다)

5)

가: 경복궁 야간 관람이 인기가 많아요?

나: 네, ____

____.
(예매 / 시작되다 / 표 / 다 팔리다 / 인기 / 많다)

6)

가: 저 지금 편의점에 가는데 뭐 부탁할 거 없어요?

나: 그럼 ____

____.
(편의점 / 가다 / 김밥 / 좀 / 사다 / 주다)

09과 문화를 즐기는 삶

어휘·표현 1

1. 보기 에서 알맞은 표현을 골라 문장을 완성하십시오.

보기		
흥겹다	실망스럽다	가슴을 울리다
눈을 뗄 수 없다	긴장감이 넘치다	향수를 불러일으키다

1) 그 여자를 보고 첫눈에 반해서 한동안 ____________________았어요/었어요.

2) 그 드라마는 20년 전을 배경으로 해서 어린 시절의 ____________________아요/어요.

3) 눈이 쌓인 경치와 어울리는 아름다운 연주가 관객의 ____________________았어요/었어요.

4) 유명한 사진 작가의 전시회에 갔는데 작품이 기대에 못 미쳐서 ____________________았어요/었어요.

5) 탈춤 공연이 너무 ____________________아서/어서 나도 모르게 춤을 따라서 췄어요.

6) 제 친구는 생각 없이 웃을 수 있는 코미디 영화를 좋아하는데 저는 ____________________는/(으)ㄴ 액션 영화를 더 좋아해요.

2. 보기 에서 알맞은 어휘를 골라 다음 글을 완성하십시오.

보기				
연주	무대	가창력	열정적	환상적

한국의 대표 가수 김은미의 콘서트에 다녀왔다. 아름다운 꽃과 나무 사이로 하얀 눈이 내리고 있는 ____________이/가 영화의 한 장면처럼 ____________(으)로 느껴졌다. 공연이 시작되자 한국 최고 가수의 뛰어난 ____________에 사람들이 숨소리도 들리지 않을 정도로 집중했다. 가수의 노래뿐만이 아니었다. 피아노, 기타, 드럼 등 ____________도 매우 훌륭했는데 두 시간 동안 계속된 ____________인 공연에 콘서트에 온 모든 사람들이 크게 감동을 받았다.

사동(-이-, -히-, -리-, -기-, -우-, -추-)

1. 사동사를 사용하여 문장을 만드십시오.

아이가 자요.

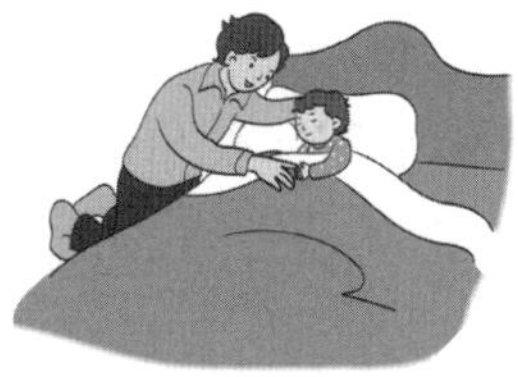

아버지가 아이를

재워요.

아이가 씻어요.

어머니가

________________.

아이가 울어요.

오빠가

________________.

모기가 죽었어요.

형이

________________.

아이가 밥을 먹어요.

____

________________.

아이가 옷을 입어요.

____

________________.

2. 보기 에서 알맞은 어휘를 골라 글을 완성하십시오.

보기

맡기다 끓이다 벗기다 재우다 늦추다 씻기다

나는 유치원에 다니는 딸을 둔 엄마이다. 출근해서 일하고 있는데 아이가 아프다고 유치원에서 전화를 했다. 걱정스러운 마음에 남은 일은 동료에게 __맡기고__ 고 유치원에 갔다. 열이 나는 아이를 선생님이 소파에 눕혀서 ________고 있었다. 아이를 데리고 병원에 갔더니 감기라고 했다. 집에 도착해서 아이의 옷을 ________고 얼굴과 손을 ________았다/었다. 밥을 통 안 먹으려고 하길래 죽을 ________아/어 주었다. 내일은 회사에 늦을 것 같아서 회사에 전화해서 출근 시간을 ________았다/었다. 정신없이 보낸 하루다.

-길래

1. 다음을 연결하여 한 문장으로 만드십시오.

1) 티셔츠가 싸다	•——•	하나 샀어요
2) 백화점에서 세일을 하다	• •	사서 먹으려고 해요
3) 제프리 씨 생일이다	• •	혼자 식당에 갈까 해요
4) 친구들이 밥을 먹었다	• •	케이크를 사다가 줬어요
5) 요즘 딸기가 맛있다고 하다	• •	이것저것 좀 많이 샀어요
6) 친구가 영화를 보자고 하다	• •	주말에는 극장에 가려고 해요

1) 티셔츠가 싸길래 하나 샀어요.

2) ________________________________.

3) ____.

4) ____.

5) ____.

6) ____.

2. 보기 와 같이 대화를 완성하십시오.

보기

가: 얼마 전에 제주도에 다녀왔는데 또 갔어요?

나: 우리 아이들이 제주도에 다시 가고 싶다길래 갔어요.

1) 가: 못 보던 가방인데 새로 샀어요?

나: 친구가 산 가방이 ______________________________.

2) 가: 주말에 스키장에 가기로 했잖아요. 근데 왜 취소했어요?

나: 선생님이 다음 주 월요일에 ______________________________.

3) 가: 방학에 일본에 간다면서요?

나: 네, ______________________________.

4) 가: 오렌지를 왜 이렇게 많이 샀어요?

나: ______________________________.

5) 가: 운동 싫어한다고 했는데 요가를 왜 배워요?

나: ______________________________.

어휘·표현 2

1. 보기 에서 알맞은 어휘를 골라 문장을 완성하십시오.

보기				
닫히다	상영하다	시도하다	열중하다	오해하다

1) 나는 네 눈이 나쁜 줄 모르고 나를 보고 인사도 하지 않는다고 ______________았어/었어.

2) 어머니께서는 아무리 어려운 일이라도 ______________지 않고 포기하면 안 된다고 하셨어요.

3) 자기의 생각만 옳다는 ______________는/(으)ㄴ 생각을 버리고 다른 사람의 생각도 인정해야 해요.

4) 요즘 ______________는 영화 중에서는 이 영화가 제일 인기가 많다고 하니까 이걸 보는 게 어때요?

5) 공부에 전혀 관심이 없던 동생이 갑자기 좋은 대학교에 가겠다고 공부에 ______________(으)니까 가족들이 모두 이상하게 생각해요.

2. 보기 에서 알맞은 어휘를 골라 다음 글을 완성하십시오.

보기				
포스터	후원자	시각 장애인	펼치다	흘리다

학교 게시판에서 앞을 볼 수 없는 ______________들의 사진 전시회가 있다는 ______________을/를 보고 찾아갔다. 작품 해설을 통해 이런 사진들이 나오기까지 사람들이 ______________는/(으)ㄴ 땀을 느낄 수 있어서 감동적이었다. 전시회가 무료여서 관람료를 내는 대신에 이 사람들의 ______________이/가 되어 도와줄 수 있는 프로그램이 있다고 하길래 그 프로그램을 신청하기로 했다. 나의 작은 도움으로 이 사람들이 꿈을 ______________(으)ㄹ 수 있었으면 좋겠다.

-도록

1. 보기 에서 알맞은 표현을 골라 문장을 완성하십시오.

보기

~~배가 터지다~~	눈이 빠지다	입이 닳다
귀에 못이 박히다	눈이 퉁퉁 붓다	입에 침이 마르다

1) 방학을 하면 고향에 가서 어머니가 만들어 주시는 음식을 **배가 터지도록** 먹고 싶어요.

2) 사장님께서 바트 씨가 여러 가지 일을 모두 다 잘한다면서 ________________ 칭찬을 하세요.

3) 밤늦게 다니면 위험하다고 ________________ 들었을 텐데 또 이 늦은 시간에 집에 오는 거니?

4) 동생이 인터넷으로 주문한 원피스가 빨리 오기를 ________________ 기다리고 있어요.

5) 그 영화 너무 슬프지 않아요? 보다가 ________________ 울었던 영화는 그게 처음이에요.

6) 한국어능력시험 신청은 최대한 빨리 해야 한다고 ________________ 말했는데 이제 하려고요?

2. 보기 와 같이 대화를 완성하십시오.

보기

가: 시험이 얼마 남지 않았는데 아이들이 공부를 열심히 하나요?

나: 열심히 하기는요. **밤 12시가 넘도록** 게임만 하고 있어요.

1) 가: 어제 못 잤어요? 눈이 빨갛게 충혈이 되었네요. (새벽 3시가 넘다)

나: 자기소개서를 쓰느라고 ________________________ 잠을 못 잤어요.

2) 가: 많이 피곤해 보여요. 회사 일이 많아요? (밤 10시가 되다)

나: 회사 일 때문이 아니라 여자 친구가 ________________________ 쇼핑을 하는데 같이 다녔거든요.

3) 가: 요즘 여자 친구는 잘 만나고 있어요? (보름이 지나다)

나: 회사 일이 너무 많아서 거의 ________________________ 데이트도 못 했어요.

4) 가: 오랜만에 고향 친구를 만나서 좋았겠어요.

나: 그럼요. 이야기할 게 어찌나 많은지 ________________________ 이야기를 했어요.

5) 가: 피자 배달시켜서 먹을 거라고 하더니 맛있게 먹었어요?

나: 맛있게 먹기는요. ______________ 기다렸는데 안 와서 주문을 취소했어요.

–고 말다

1. 보기 에서 알맞은 표현을 골라 문장을 완성하십시오.

보기

~~다치다~~ 쏟다 놓치다 넘어지다 그만두다 화를 내다

1) 알렉세이가 지하철 계단에서 넘어져서 다리를 **다치고 말았다.**

2) 일하고 싶었던 직장이었지만 일을 시작하고 보니 적성에 맞지 않아서 ______________.

3) 친구랑 장난치다가 하얀색 바지에 그만 커피를 ______________.

4) 아이에게 화를 안 내려고 했는데 게임을 하는 걸 보고 또 ______________.

5) 늦게 일어나는 바람에 9시에 출발하는 기차를 ______________.

6) 어제 내린 눈 때문에 길이 미끄러워서 도서관 앞을 지나다가 ______________.

2. 보기 와 같이 대화를 완성하십시오.

보기

가: 열심히 연습했는데 축구 경기는 이겼어요?

나: 잘하다가 마지막에 실수하는 바람에 **지고 말았어요.**

1) 가: 편하다고 하면서 만날 가지고 다니던 가방을 왜 바꿨어요? (잃어버리다)

나: 바꾼 게 아니라 얼마 전에 여행 갈 때 가지고 갔다가 ______________.

2) 가: 제프리 씨가 입원했다면서요? (쓰러지다)

나: 네, 며칠 동안 야근을 하더니 ______________.

3) 가: 바트 씨, 시험 결과 나왔지요? 어떻게 됐어요? (떨어지다)

나: 이번에는 합격할 줄 알았는데 ______________.

4) 가: 간토야 씨는 남자 친구하고 잘 지낸대요?

나: 며칠 전에 말하던데 성격이 안 맞아서 ________________.

5) 가: 일본어 공부를 시작했다면서요? 공부 잘돼요?

나: 처음에는 재미있었는데 시간이 갈수록 어려워져서 ________________.

듣고 말하기

1. 잘 듣고 문장을 완성하십시오.

1) 09-1

투이 바트 씨, 주말에 좋은 일 있었어요? 표정이 밝아 보여요.

바트 주말에 친구가 (①) 다녀왔어요.

투이 록 페스티벌이 뭐예요?

바트 세계 여러 나라의 가수들이 출연해서 옛날에 유행했던 록 음악이나 자신의 노래를 들려주는 축제예요.

투이 바트 씨는 록 음악을 좋아하니까 재미있었겠네요.

바트 네, (②) 모두 참가하니까 다양한 음악을 들어 볼 수 있었어요. 금요일 저녁부터 일요일까지 사흘 동안 시간 가는 줄 모르고 (③).

2) 09-2

투이 영화 '친구와 함께' 보러 갈래요?

바트 '친구와 함께'요? 그 영화를 본 친구들이 다 (①) 잘됐네요.

투이 그럼 토요일 오전 첫 영화로 봐요.

바트 왜 그렇게 일찍 보려고 해요? 주말인데 천천히 준비해서 오후에 봐요.

투이 첫 영화로 봐야 (②).

바트 첫 영화는 할인이 된다고요?

투이 몰랐어요? 매일 처음 상영하는 영화를 볼 때는 할인을 받을 수 있어요.

바트 진짜예요? (③   ) 고마워요.

투이 영화만 그런 게 아니에요. 공연이나 전시회를 부담 없이 즐길 수 있는 방법도 있어요. 오페라나 발레를 보려면 비용이 많이 들잖아요. 그런데 (④   ) 남은 표를 80% 정도 싸게 살 수 있는 곳도 있대요.

읽고 말하기

1. 다음을 읽고 순서대로 맞게 배열하십시오.

1)

(가) 그래서 아버지는 아들의 하나뿐인 선생님이 되기로 결심하게 되었다.

(나) 아들은 중학교 때 따돌림을 당해서 자살을 시도했고 이 일로 인해 결국 학교를 그만두고 말았다.

(다) 그런데 아버지는 어린 시절에 가정 형편이 어려워서 공부를 할 수 없었기 때문에 모르는 것이 많았다.

(라) 그렇지만 스스로 찾고 배워 가면서 아들을 사랑으로 가르쳐 최고의 대학교에 합격시킨다는 행복한 결말이었다.

(나) - (   ) - (   ) - (   )

2. 다음을 읽고 알맞은 것을 보기 에서 찾아 쓰십시오.

보기

관객   개봉   화제   드디어   매표소

다른 사람들은 무슨 영화를 볼까 고민하면서 영화 포스터를 보고 있었지만 나는 바로 ________(으)로 향했다. 왜냐하면 나는 볼 영화를 미리 정했기 때문이다. 내가 볼 영화는 ________ 2주만에 천만 ________이/가 본 ________의 영화 '아버지의 선물'이었다. 한국에서 처음 영화관을 찾아서 그런지 가슴이 두근거렸다. ________ 영화가 시작되었다.

10과 재미있는 한국어

어휘·표현 1

1. 보기 에서 알맞은 어휘를 골라 문장을 완성하십시오.

보기

쩝쩝 엉엉 뻘뻘 활짝 느릿느릿

1) 앞에서 난 교통사고 때문에 도로 위의 차들이 __________ 답답하게 움직이고 있다.
2) 사진을 찍을 때는 카메라를 보고 __________ 웃어야 예쁘게 나온다.
3) 어제 만난 사람이 밥을 먹을 때 __________ 소리를 내서 같이 식사하기가 불편했다.
4) 김경만 씨는 30년 만에 만난 형 앞에서 아이처럼 __________ 소리 내서 울었다.
5) 교실 에어컨이 고장 나는 바람에 더운 날씨에 땀을 __________ 흘리면서 수업을 했다.

2. 보기 에서 알맞은 어휘를 골라 다음 글을 완성하십시오.

보기

꼬르륵 꾸벅꾸벅 소곤소곤 콜록콜록 헐레벌떡

아침을 안 먹었더니 오전 내내 배에서 __________ 소리가 났다. 너무 배가 고파서 수업이 끝나자마자 식당에 가서 밥을 먹었다. 정신없이 먹다 보니 벌써 오후 영어 수업 시간이 되었다. 수업에 늦을까 봐 __________ 뛰어서 교실로 갔는데 다행히 아직 선생님이 오시지 않았다. 그런데 밥을 너무 많이 먹어서 그런지 수업을 들으면서 __________ 졸았다. 옆자리의 장설 씨가 __________ 기침을 해서 졸다가 깼는데 장설 씨의 얼굴을 보니까 안색이 안 좋았다. 걱정이 되어서 어디가 아프냐고 물어보는데 선생님이 나에게 조용히 하라고 하셨다. __________ 말하려고 했는데 시끄러웠나 보다.

-ㄴ다고/는다고/다고

1. 다음을 연결하여 한 문장으로 만드십시오.

1) 가는 날이 장날 •	• 기능이 같아도 예쁘게 만들어야 더 인기가 있다
2) 같은 값이면 다홍치마 •	• 듣는 사람이 없어도 말을 조심해야 하다
3) 우물 안 개구리 •	• 오랜만에 운동하러 나왔는데 비가 오다
4) 가는 말이 고와야 오는 말이 곱다 •	• 경험이 적으면 아는 것도 적기 마련이다
5) 낮말은 새가 듣고 밤말은 쥐가 듣는다 •	• 처음 잘못 배운 것은 고치기가 어렵다
6) 세 살 적 버릇 여든까지 간다 •	• 상대방에게 먼저 좋은 말로 이야기하는 게 좋다

1) **가는 날이 장날이라고 오랜만에 운동하러 나왔는데 비가 와요.**

2) ____________________.

3) ____________________.

4) ____________________.

5) ____________________.

6) ____________________.

2. 보기 에서 알맞은 속담을 골라 대화를 완성하십시오.

보기

~~시작이 반이다~~	말 한마디에 천 냥 빚도 갚는다	말이 씨가 된다
갈수록 태산	개구리 올챙이 적 생각 못 한다	고생 끝에 낙이 온다

1) 가: 큰일이다. 이 많은 청소를 언제 다 하지?

나: 여기부터 정리하자. **시작이 반이라고** 일단 시작하면 금방 끝낼 수 있을 거야.

2) 가: 어떻게 하지요? 저 때문에 마리 씨가 많이 화난 것 같아요.

나: ____________________ 진심으로 사과하면 마리 씨 기분도 풀릴 거예요.

3) 가: 이번에 우리 회사에 새 직원이 들어왔는데 일하는 게 얼마나 답답한지 몰라. 별로 힘든 일도 아닌데…….

나: ______________________ 너도 처음에 일 시작했을 때 힘들다고 매일 울던 거 잊어버렸어?

4) 가: 이번 문화 체험 때 비가 올 것 같아요.

나: ______________________ 그런 얘기 하지 마세요. 정말로 비가 오면 어떻게 해요?

5) 가: 바트 씨, 회사에서 또 새로운 일을 맡았다면서요? 쉴 시간도 없어서 힘들겠어요.

나: 네, ______________________ 시간이 지날수록 일이 점점 더 많아지네요.

6) 가: 그 배우가 이번에 세계적인 감독의 영화에 출연하게 됐다면서요?

나: 네, ______________________ 오랫동안 힘든 시간을 보내더니 이제는 좋은 일만 생기네요.

-(으)ㄹ 게 아니라

1. 보기 에서 알맞은 내용을 골라 문장을 완성하십시오.

보기

~~사전에서 찾다~~	아침에 머리를 감다	핸드폰만 보다
혼자 고민하다	약국에서 약을 짓다	전화로 이야기하다

1) 수업 시간에 모르는 단어가 있으면 **사전에서 찾을 게 아니라** 선생님께 질문을 하세요.

2) 감기가 심한 것 같은데 ______________________ 병원에 가서 진찰을 받으세요.

3) 버스 타고 갈 때 ______________________ 밖의 경치도 좀 구경하지 그래요?

4) 중요한 내용은 ______________________ 직접 만나서 말해야 오해가 없을 거예요.

5) 유학 생활 중에 문제가 생기면 ______________________ 가까운 사람에게서 조언을 받으세요.

6) 머리카락의 건강을 유지하려면 ______________________ 밤에 감는 게 좋대요.

2. (보기) 와 같이 대화를 완성하십시오.

보기

가: 오늘 회식 때 식사하고 노래방에 가는 게 어때요?

나: 다들 피곤할 텐데 노래방에 갈 게 아니라 간단하게 차를 마시러 갑시다.

1) 가: 주말에 대학로에서 공연 볼까요?

나: 요즘 날씨가 좋으니까 ______________________.

2) 가: 집이 좁아서 일주일에 한 번만 청소를 해요.

나: 안 보이는 먼지도 많으니까 ______________________.

3) 가: 건강이 나빠진 것 같아서 다음 달부터 담배를 끊어야겠어요.

나: 다음 달부터 ______________________.

4) 가: 윤아가 아직 안 왔으니까 식당 앞에서 조금 더 기다리자.

나: 춥고 비도 오니까 ______________________.

5) 가: 친구들이 다 고향에 돌아가 버려서 주말에 혼자 집에서 텔레비전만 봐요.

나: ______________________.

어휘·표현 2

1. 다음 상황에 맞는 표현을 보기 에서 고르십시오.

보기

귀가 가렵다　　다리를 놓다　　어깨가 무겁다　　발등에 불이 떨어지다　　믿는 도끼에 발등 찍힌다

- 이상하게 사람들이 나에 대해서 이야기를 하는 것 같은 느낌이 든다.
- 친구를 믿고 비밀을 말했는데 알고 보니 친구가 내 비밀을 다른 사람에게 말했다.
- 이번에 동아리 회장을 맡게 되어서 부담이 크다.
- 발표가 다음 주인 줄 알고 준비하지 않았는데 알고 보니 내일이었다. 그래서 약속을 다 취소하고 수업이 끝나자마자 집으로 달려갔다.
- 대학교 친구 민아와 어렸을 때 친구인 진우가 잘 어울릴 것 같아서 소개해 주려고 한다.

2. 보기 에서 알맞은 어휘를 골라 문장을 완성하십시오.

보기

까다롭다　　굴뚝같다　　절망하다　　활동하다　　뒤떨어지다

1) 이번 방학에 고향에 가고 싶은 마음이 ________________지만 할 일이 많아서 갈 수 없다.

2) 나는 성격이 꼼꼼해서 물건을 구입하기 전에 여러 개를 ________________게 비교해 보고 산다.

3) 15년 동안 배우로 ________________(으)ㄴ 강동완 씨가 이번에 가수에 도전한다고 한다.

4) 대학교 입학이 인생의 전부가 아니기 때문에 시험에 떨어져도 ________________(으)ㄹ 필요는 없다.

5) 이 컴퓨터는 가격이 싸지만 다른 제품들에 비해 기능이 ________________아서/어서 사용하면서 불편할 때가 있다.

-고 보니

1. 다음을 연결하여 문장을 완성하십시오.

1) 다 만들다 •		• 3급 책이었다
2) 밥을 다 먹다 •		• 생일이 다음 주였다
3) 몇 번 만나다 •		• 지갑을 집에 놓고 왔다
4) 버스에서 내리다 •		• 첫인상과 달리 친절하다
5) 직장을 옮기다 •		• 전 회사가 좋았다
6) 가방에서 꺼내다 •		• 핸드폰이 주머니에 없다

1) 친구 생일 때 주려고 케이크를 만들었는데 **다 만들고 보니 생일이 다음 주였다.**

2) 내가 밥을 산다고 했는데 ____________________.

3) 차가운 사람인 줄 알았는데 ____________________.

4) 버스에서 졸다가 급하게 내렸는데 ____________________.

5) 다른 회사로 가면 좋을 줄 알았는데 ____________________.

6) 4급 책을 챙겨 왔다고 생각했는데 ____________________.

2. 보기 에서 알맞은 내용을 골라 대화를 완성하십시오.

보기

~~알다~~	큰 회사에 들어가다	일을 다 하다
물을 붓다	기숙사에서 나오다	이야기를 듣다

1) 가: 어제 소개받은 남자하고 다시 만나기로 했어요?

나: 아니요, **알고 보니** 여자 친구가 있는데도 소개팅에 나왔더라고요.

2) 가: 컵라면 먹는다고 하더니 왜 안 먹어요?

나: 먹으려고 했는데 ________________ 차가운 물이길래 어쩔 수 없이 버렸어요.

3) 가: 아까 일 끝냈다고 하더니 왜 아직도 퇴근을 안 하고 있어요?

나: 끝낸 줄 알았는데 ________________ 다른 일을 했더라고요.

4) 가: 대기업에 다니니까 좋아요?

나: 그렇지도 않아요. ________________.

5) 가: 저 요즘 피부 관리를 받고 있어요.

나: 아까는 못 느꼈는데 ________________.

6) 가: 기숙사가 불편해서 이사했다고 했잖아요. 혼자 사니까 좋아요?

나: 그럴 줄 알았는데 ________________.

어찌나 -는지/(으)ㄴ지

1. 보기 에서 알맞은 내용을 골라 다음 글을 완성하십시오.

보기

친하다	잘 가르쳐 주다	재미있다
예쁘다	한국말을 잘하다	발이 넓다

반 친구들과 매일 만나니까 **어찌나 친한지** 마치 가족처럼 느껴진다. 나는 특히 간토야하고 친한데, 내가 모르는 것이 있을 때마다 ________________ 마치 선생님 같다. 3급 때부터 친구인 장설은 ________________ 한국 사람이라고 해도 믿을 정도이다. 성격이 활발한 압둘라는 ________________ 한국어교육센터에서 모르는 사람이 없다. 인기가 많은 이리나는 ________________ 모델이나 영화배우처럼 보인다. 투안은 무뚝뚝하고 말이 없는 사람일 거라고 생각했는데 알고 보니 그렇지 않다. ________________ 투안의 이야기를 듣고 있으면 시간 가는 줄 모르겠다.

2. (보기) 와 같이 대화를 완성하십시오.

보기

가: 영화 정말 감동적이었지요?

나: 네, **어찌나 감동적이었는지** 집에 오는 동안 계속 생각이 났어요.

1) 가: 마키 씨 글씨는 꼭 컴퓨터로 쓴 것 같아요. (글씨를 예쁘게 쓰다)

나: 맞아요. ______________________ 저도 처음에는 컴퓨터로 쓴 줄 알았어요.

2) 가: 요즘 꽃무늬가 유행인가 봐요. 꽃무늬 옷을 입은 사람이 많네요. (비슷한 옷을 입은 사람이 많다)

나: 맞아요. ______________________ 사람들 옷이 다 똑같아 보여요.

3) 가: 제 동생은 ______________________. (PC방에 자주 가다)

나: 사장님이 이름을 알 정도라니 정말 PC방에 자주 가나 봐요.

4) 가: 우리 반 투안 씨는 볼 때마다 햄버거를 먹고 있네요.

나: 네, ______________________ 하루에 한 번 꼭 햄버거를 먹는대요.

5) 가: 공연이 ______________________.

나: 나도 너 자는 거 봤어. 난 그 정도로 재미없지 않았는데…….

듣고 말하기

1. 잘 듣고 문장을 완성하십시오.

1) 🎧 10-1

마키 음, 저는 웃을 때 예쁜 사람이 좋아요. (①)
저까지 기분이 좋아지거든요.

민호 아, 웃는 얼굴이 보기 좋은 사람. 알았어요.

마키 또 있어요. 제가 먹는 걸 좋아하잖아요. 저처럼 (②) 좋겠어요.
같이 맛집을 찾아다니고 싶거든요. 그런데 (③) 좀 싫어요.

민호 네, 또 다른 건 없어요?

마키 음, 그냥 제 말에 언제나 (④) 자상한 사람이면 돼요.

2) 🎧 10-2

민호 발등에 불이 떨어졌다는 말은 (①) 말이에요.
정말로 발 위에 불이 떨어진 게 아니에요.

마키 아, 발등에 불이 떨어지면 (②) 그런 거구나.
민호 씨 말을 듣고 보니 이거하고 비슷한 말을 전에 들어 본 것 같아요. 뭐더라? 발등을 찍히다?
이것도 비슷한 말이지요?

민호 믿는 도끼에 발등 찍힌다는 속담요?

마키 네, 맞아요. 그것도 비슷한 말이에요?

민호 그건 좀 다른 말인데. 그 말은 이럴 때 써요. 마키 씨하고 저하고 친한 친구잖아요. 그래서 저는
(③) 뭐든지 다 말했어요. 그런데 알고 보니
마키 씨가 다른 사람한테 (④) 저에 대해 나쁜
말도 많이 하고 다닌 거예요. 그걸 알았을 때 제 기분이 어떨까요?

읽고 쓰기

1. 다음을 읽고 순서대로 맞게 배열하십시오.

1)

(가) 그래서 다른 친구들이 경기하는 것을 잘 살펴봤습니다.

(나) 처음 이것을 알았을 때는 크게 절망해서 운동을 포기하려고 했습니다.

(다) 그 후에 제 실력이 친구들보다 많이 뒤떨어진다는 것을 알게 됐습니다.

(라) 저는 제가 경기에 나가지 못하는 이유를 제 나름대로 찾아보기로 했습니다.

(라) - (　　) - (　　) - (　　)

2. 다음을 읽고 아래의 표현을 모두 이용해서 (　　)에 들어갈 내용을 쓰십시오.

1)

여러분, 제가 예전에 운동선수였던 것을 아세요? 저는 세계적인 축구 선수가 되고 싶어서 초등학교 때 축구를 시작했습니다. 그리고 고등학교 때까지 선수로 활동했습니다. 그런데 저는 항상 경기에 나가지 못하는 후보 선수였습니다. (　　　). 그렇게 벤치에 앉아서 경기를 보기만 할 때는 정말 마음이 힘들었습니다.

경기에 나가다, 마음, 굴뚝같다, 대부분, 벤치, 시간을 보내다

→ ______________________________.

2)

제가 실력을 쌓기 위해서 남들보다 더 많이 연습하지 않았더라면 그 정도로 발전할 수 없었을 것입니다. 여러분도 목표가 생기면 포기하지 말고 그것을 위해서 꾸준히 노력해 보세요. (　　　　). 그래서 '고생 끝에 낙이 온다'는 제가 제일 좋아하는 속담입니다.

한 걸음씩, 앞으로 가다, 원하는 목표, 이루다

→ ______________________________.

3. 다음을 읽고 ㉠~㉢에 들어갈 알맞은 것을 보기 에서 찾아 쓰십시오.

저는 제 실력이 부족한 것을 알았지만 축구를 포기하고 싶지 않았습니다. (㉠) 욕심을 버리고 우선 저에게 부족한 기초 실력을 키우기로 했습니다. 다른 선수들과 실력 차이가 너무 커서 따라갈 수 있을지 걱정도 됐습니다. (㉡) 포기하지 않았습니다. 노력은 배신하지 않는다고 생각했기 때문입니다. 실력을 키우기 위해서 매일 가장 일찍 연습을 시작하고 가장 늦게 연습을 끝내곤 했습니다. (㉢) 노력하면서 일 년을 지내고 보니 어느새 저는 저희 팀에서 가장 중요한 선수가 되어 있었습니다.

보기

그래서	그렇게	그렇지만

㉠ ____________ ㉡ ____________ ㉢ ____________

11과 스포츠와 우리의 생활

어휘·표현 1

1. 보기 에서 알맞은 어휘를 골라 다음 글을 완성하십시오.

보기

결승　　우승　　기록　　관중　　경기력

어제 저녁에 서울 팀과 부산 팀의 야구 경기를 보러 경기장에 다녀왔다. 이번 경기에서 이기는 팀이 마지막 경기인 ________에 나가기 때문에 아주 중요한 경기였다. 그래서 경기를 보러 온 사람들이 정말 많았다. 20,000명이나 되어 지금까지 이 경기장을 찾은 ________ 중에서 가장 많은 수로 ________이/가 되었다고 한다. 사람들의 예상과 다르게 서울 팀이 이겼는데 이것은 지치지 않고 응원한 팬들 덕분인 것 같았다. 이 경기를 보고 팬들의 응원이 팀의 ________에 얼마나 큰 영향을 주는지 알 수 있었다. 이제 서울 팀은 한 경기만 더 이기면 ________을/를 차지할 수 있다. 다음 경기도 보러 가야겠다.

2. 보기 에서 알맞은 표현을 골라 문장을 완성하십시오.

보기

비기다　　경쟁하다　　쫓아가다　　속도를 내다　　경기를 뒤집다

1) 친구와 게임을 해서 진 사람이 밥을 사기로 했는데 ________아서/어서 각자 밥을 사 먹었다.

2) 친구가 수업이 끝나고 교실에 휴대폰을 놓고 갔길래 친구를 급하게 ________아서/어서 줬다.

3) 요즘 상영하는 영화 중에서 '지나간 시간'과 '아버지의 선물'이 관객 수 1위 자리를 놓고 ________고 있다.

4) 고속 도로에 들어가자 대부분의 차가 ________아서/어서 빠르게 달리기 시작했다.

5) 경기가 5분밖에 남지 않았는데 점수 차이가 너무 커서 ________고 이기기는 어려울 것 같다.

–더니[2]

1. 다음을 연결하여 한 문장으로 만드십시오.

1) 마키 씨가 전에는 한국어를 잘 못했다 •	• 방학을 하니까 학교가 조용해졌다
2) 방 친구가 어제는 여러 번 외출을 했다 •	• 이번 주에는 하루도 빠지지 않고 나오다
3) 장핑 씨가 지난주에는 자주 결석했다 •	• 지금은 한국 사람이라고 해도 믿을 정도이다
4) 어제는 바람이 불고 비가 왔다 •	• 저녁때가 되니까 더러워졌다
5) 학기 중에는 학교에 사람이 많았다 •	• 오늘은 하루 종일 집에만 있다
6) 오늘 아침에는 교실이 깨끗했다 •	• 오늘은 날씨가 맑고 따뜻하다

1) 마키 씨가 전에는 한국어를 잘 못하더니 지금은 한국 사람이라고 해도 믿을 정도예요.

2) ____________________.

3) ____________________.

4) ____________________.

5) ____________________.

6) ____________________.

2. 보기 와 같이 대화를 완성하십시오.

보기

가: 오랜만에 명동에 갔다 오니까 어땠어요? 달라진 게 있었어요?

나: 네, 예전에는 한국 사람이 많더니 요즘은 외국 사람도 한국 사람만큼 많더라고요.

1) 가: 동생이 요즘도 책을 많이 읽어요?

나: 아니요, ____________________ 요즘은 책을 잘 안 읽어요.

2) 가: 저 배우는 연기를 잘 못하지 않았어요? 지금은 많이 좋아졌네요.

나: 네, ______________________________ 이번 드라마에서는 연기를 생각보다 잘하네요.

3) 가: 유행하는 스타일이 작년하고 좀 달라진 것 같아요.

나: 그러게요. ______________________________ 올해는 긴 치마를 입은 사람이 많네요.

4) 가: 투안 씨가 지난주에 많이 바빠 보이던데 이번 주에도 바쁘대요?

나: 아니요, ______________________________ 이제는 발표가 끝나서 한가한 것 같아요.

5) 가: 어제 동창회에 다녀왔다면서? 민호도 봤어?

나: 응, ______________________________ 지금은 살이 많이 쪘더라고.

–는지/(으)ㄴ지

1. 보기 에서 알맞은 내용을 골라 다음 대화를 완성하십시오.

보기

~~배가 고프다~~	재미있다	행사를 하다
사람이 많다	할 말이 있다	중요한 전화이다

이리나 투안 씨 어디 갔어요?

제프리 매점에 간 것 같아요. **배가 고픈지** 는지/(으)ㄴ지 수업 시간에 배에서 꼬르륵 소리가 나더라고요.

이리나 이제 곧 수업 시작할 텐데 아직도 매점에 있어요?

제프리 쉬는 시간 시작하자마자 나갔는데 매점에 ______________ 는지/(으)ㄴ지 안 오네요.

이리나 이 시간에는 항상 매점이 복잡하더라고요. 그러고 보니 마키 씨도 자리에 없네요.

제프리 마키 씨는 아까 전화가 와서 나갔어요. ______________ 는지/(으)ㄴ지 밖에 나가서 받던데요.

이리나 그래요? 그런데 밖이 너무 시끄럽네요. 무슨 일이 있나 봐요.

제프리 네, ______________ 는지/(으)ㄴ지 아침부터 음악 소리도 들리고 운동장에 사람들이 많이 모여 있어요.

이리나 그런가 봐요. 어, 선생님도 아직 안 들어오셨네요. 어디 가셨는지 알아요?

제프리 아까 압둘라 씨하고 같이 나가셨어요. 압둘라 씨한테 ______________ 는지/(으)ㄴ지 잠깐 좀 보자고 하시더라고요.

이리나 그렇군요. 그런데 장설 씨는 아까부터 핸드폰으로 뭘 보고 있어요?

제프리 한국 드라마를 본대요. ______________ 는지/(으)ㄴ지 쉬는 시간마다 보네요.

2. 보기 와 같이 대화를 완성하십시오.

보기

가: 제프리 씨는 오늘도 동아리 모임에 안 왔어요?

나: 네, **요즘 바쁜지** 모임에 자주 빠지네요.

1) 가: 투이 씨 어디 갔어요? 아까부터 안 보이네요. (없어진 물건이 있다)

나: ______________ 아까부터 기숙사 여기저기를 돌아다니면서 뭘 찾던데요.

2) 가: 압둘라 씨가 어제 목이 아프다고 해서 약을 줬는데 좋아졌던가요? (약을 먹고 나았다)

나: 네, ______________ 오늘은 기침도 안 하고 괜찮던데요.

3) 가: 우리 가게에 자주 오는 남자가 있는데 ______________ 매일 라면을 사 가지고 가더라고요.

나: 그런 걸 기억하다니 그 사람한테 관심이 있나 봐요.

4) 가: 장핑 씨가 ______________ 다들 장핑 씨한테 PPT 만드는 걸 도와달라고 하네요.

나: 제가 봤는데 전문가가 만든 것처럼 멋있게 만들더라고요.

5) 가: 알렉세이 씨가 ______________ 하루 종일 말을 안 하네요.

나: 응원하던 축구팀이 어제 경기에서 져서 그렇대요.

어휘 · 표현 2

1. 보기 에서 알맞은 어휘를 골라 문장을 완성하십시오.

보기				
종목	수준	중계	마음껏	제대로

1) 이번 방학에 고향에 가면 그동안 못 먹은 고향 음식을 ____________ 먹으면서 푹 쉬고 오려고 한다.

2) 1896년 제1회 올림픽 대회의 경기 ____________은/는 수영과 육상, 테니스 등 9개밖에 없었다고 한다.

3) 친구가 발표할 때 어려운 단어를 많이 사용해서 내용을 ____________ 이해할 수 없었다.

4) 내일 결승 경기는 텔레비전에서뿐만 아니라 인터넷에서도 ____________이/가 된다고 하니까 컴퓨터로 경기를 봐야겠다.

5) 이번 클래식 음악 축제를 통해서 시민들이 ____________ 높은 문화를 즐길 수 있는 기회를 얻었다.

2. 보기 에서 알맞은 어휘를 골라 문장을 완성하십시오.

보기				
놀랍다	왕복하다	투자하다	진정하다	마무리하다

1) 자전거로 강남에서 한강 공원까지 왔다 갔다 ____________(으)려면 보통 두 시간 이상 걸린다.

2) 십 년 만에 고향에 돌아왔는데 건물과 가게, 교통 등 모든 것이 십 년 전과 완전히 달라져 있어서 ____________았다/었다.

3) 잘못하고 나서 휴대폰으로 사과 메시지를 보내는 것은 ____________는/(으)ㄴ 사과로 느껴지지 않는다.

4) 나는 매일 밤 그날 있었던 일을 짧게 일기로 쓰면서 하루를 ____________ㄴ다/는다.

5) 우리 회사는 이번에 새로운 기능을 가진 컴퓨터를 만드는 데 큰돈을 ____________았다/었다.

여간 -지 않다

1. 보기 와 같이 문장을 바꾸십시오.

보기

알렉세이가 글을 정말 잘 쓴다.

→ 알렉세이가 글을 여간 잘 쓰지 않는다.

1) 바트 씨가 몽골 음식을 정말 잘 만든다.

→ ______________________________.

2) 한국어는 발음이 너무 어렵다.

→ ______________________________.

3) 다른 나라의 문화를 배우는 것은 아주 재미있다.

→ ______________________________.

4) 이정훈 교수는 아주 훌륭한 과학자이다.

→ ______________________________.

5) 어제 시험공부를 하면서 커피를 정말 많이 마셨다.

→ ______________________________.

2. 보기 와 같이 대화를 완성하십시오.

보기

가: 이번 방학 때 고향에 간다면서요? 좋겠네요.

나: 네, 유학을 시작하고 처음 가는 거라서 여간 기대되지 않아요.

1) 가: 민호 씨 부모님이 민호 씨가 대학에 입학했을 때 자동차를 사 주셨대요. (부자이다)

나: 저도 들었어요. 민호 씨 부모님이 ______________________________.

2) 가: 윤아 씨 휴대 전화를 봤는데 전화번호가 500개나 있더라고요. (발이 넓다)

나: 맞아요. 윤아 씨가 ______________________________.

3) 가: 제주도 여행 어땠어요? 제주도는 남쪽에 있으니까 따뜻했지요? (바람이 많이 불었다)

나: 기온은 서울보다 높은데 ______________________.

4) 가: 벌써 월말이네요. 한 달이 금방 지나간 것 같아요.

나: 저도 달력을 보고 깜짝 놀랐어요. ______________________.

5) 가: 요즘 왜 이렇게 얼굴 보기가 힘들어요?

나: 요즘 회사에 일이 너무 많아서 ______________________.

6) 가: 4급에 오니까 ______________________.

나: 그래도 단어를 많이 알아야 공부를 더 잘할 수 있으니까 잘 외우도록 하세요.

-(으)려야 -(으)ㄹ 수 없다

1. 보기 에서 알맞은 어휘를 골라 대화를 완성하십시오.

보기					
참다	떼다	먹다	듣다	살다	피하다

1) 가: 아까 심각한 분위기였는데 왜 그렇게 웃었어요?

나: 갑자기 어제 본 코미디 영화의 장면이 생각나서 **참으려야 참을 수 없더라고요.**

2) 가: 이제 스마트폰이 없으면 못 살겠어요.

나: 맞아요. 스마트폰은 이제 우리 생활과 ______________________.

3) 가: 왜 또 집을 구해요? 그 집에서 산 지 한 달도 안 됐잖아요.

나: 방음이 전혀 안 돼서 어찌나 시끄러운지 ______________________.

4) 가: 팥빙수 좋아하는 줄 알았는데 안 먹네요.

나: 좋아하는데 배탈이 나서 ______________________.

5) 가: 아까 식당에서 이리나 씨가 하는 말이 하나도 안 들렸어요.

나: 저도 그랬어요. 주변이 너무 시끄러워서 ______________________.

6) 가: 자전거하고 부딪혔다면서요? 어떻게 하다가 그랬어요?

나: 달리던 자전거가 갑자기 제 쪽으로 와서 ______________________.

2. 보기 와 같이 대화를 완성하십시오.

보기

가: 왜 아직도 퇴근 안 했어요?

나: 일이 많아서 **퇴근하려야 퇴근할 수 없네요.**

1) 가: 아까부터 왜 그렇게 왔다 갔다 해요? 무슨 일 있어요? (찾다)

나: 제 휴대폰이 어디로 갔는지 ____________________.

2) 가: 아직도 청소하고 있어요? 금방 끝난다고 했잖아요. (빨리 끝내다)

나: 청소하다가 보니까 치울 게 많아서 ____________________.

3) 가: 피곤해 보이는데 오늘은 일찍 자.

나: 밀린 숙제 때문에 ____________________.

4) 가: 아까 수업 시간에 집중하지 못하는 것 같던데 무슨 일 있어요?

나: 내일 면접시험이 걱정돼서 ____________________.

5) 가: 이리나 씨가 선물한 신발 왜 안 신어요? 마음에 들어 했잖아요.

나: 신발이 정말 예쁜데 작아서 ____________________.

듣고 말하기

1. 잘 듣고 문장을 완성하십시오.

1) 11-1

캐스터 출발입니다! 선수들 아주 빠릅니다!

해설자 네, 다들 (①).

캐스터 아, 미국의 마이클 선수 역시 빠릅니다!

해설자 네, 이 선수 처음부터 (②) 있습니다.

캐스터 이제 50미터 돌았습니다. 미국의 마이클 선수가 가장 앞에 있습니다. 그 뒤를 한국의 박지훈 선수가 쫓아가고 있습니다.

해설자 네, 지금 그 뒤의 선수들도 (③) 있습니다. 마지막 25미터! 누가 가장 먼저 들어올까요?

캐스터 어, 박지훈 선수가 앞으로 나옵니다. 미국의 마이클이 (④) 것이냐, 한국의 박지훈이 (⑤) 것이냐! 아, 마이클이 1위로 들어옵니다! 금메달은 마이클! 바로 뒤에 박지훈! 그다음 프랑스의 루이!

2) 11-2

기자 어제 경기 전에는 (①) 좋은 결과를 기대하지 않는다고 하셨는데 정말 기쁘시겠어요.

선수 그렇습니다. 부상이 완전히 낫지 않아서 별로 기대하지 않았거든요. 2위로 들어온 걸 알고 (②).

기자 부상을 이긴 박지훈 선수의 정신력에 많은 사람들이 박수를 보내고 있습니다. 게다가 라이벌로 알려진 루이 선수를 이겨서 (③).

선수 네, 하지만 저는 경기를 할 때는 다른 선수를 생각하지 않습니다. (④) 좋은 결과가 나온 것 같습니다.

읽고 말하기

1. 다음을 읽고 순서대로 맞게 배열하십시오.

1) (가) 수영도 성적이 좋지 않은 것은 마찬가지였다.

(나) 육상은 17명의 선수 중 아무도 메달을 따지 못했다.

(다) 한국은 이번 올림픽에서 육상이나 수영 같은 기초 종목의 성적이 좋지 않았다.

(라) 한국 수영의 최고 스타인 박지훈이 은메달을 따기는 했지만 새로운 스타는 나오지 않았다.

(다) - (　　) - (　　) - (　　)

2) (가) 야구 동호회 활동을 하면서 힘든 점이 있다.

(나) 그리고 이런 장소에서 운동하면 부상을 당하기 쉬워서 마음껏 뛰려야 뛸 수 없다.

(다) 그래서 야구가 하고 싶으면 모래밖에 없는 운동장을 찾아가 흙먼지를 마시면서 해야 한다.

(라) 동호회 회원들과 야구를 하려고 경기장을 찾고 있는데 적당한 경기장을 찾으려야 찾을 수 없다.

(가) - (　　) - (　　) - (　　)

2. 다음을 읽고 (　　)에 들어갈 내용을 쓰십시오.

1) 세계 4위에 올랐지만 여전히 숙제가 남았다. 스포츠 강국이 되려면 다양한 종목에서 더 많은 메달을 따야 한다. 이를 위해 우선 수영이나 육상 같은 기초 종목의 수준을 높여야 한다. 그러려면 기초 종목에 (　　). 투자한 대로 결과가 나오기 때문이다.

→ ______________________________.

2) 소수에게만 투자가 집중되고 다수의 시민들이 이용할 수 있는 체육 시설이 없다면 올림픽 같은 대회에서 메달을 아무리 많이 따도 의미가 없을 것이다. 그러므로 국제 경기의 성적을 올리는 데 투자할 게 아니라 (　　) 투자하는 것이 낫다.

→ ______________________________

12과 사건과 사고

어휘 · 표현 1

1. 보기 에서 알맞은 어휘를 골라 문장을 완성하십시오.

보기

대비하다 쓰러지다 침수되다 무너지다 범람하다

1) 홍수가 나서 수십 채의 집들이 ______________았다/었다.

2) 강한 지진으로 인해 건물들이 ______________아서/어서 많은 사람들이 죽었다.

3) 갑자기 폭우가 쏟아지는 바람에 강이 ______________아서/어서 큰 피해를 입었다.

4) 심한 비바람 때문에 나무들이 도로 위에 ______________아서/어서 자동차들이 다닐 수 없었다.

5) 제주도에서는 태풍에 ______________아서/어서 배가 바다에 나가지 못하게 했다.

2. 다음 상황에 맞는 표현을 보기 에서 고르십시오.

보기

목숨을 잃다 발이 묶이다 구조하다 실종되다 고립되다

태풍으로 인해 비행기를 탈 수 없어 공항에서 오랫동안 기다렸다.

( )

며칠 동안 폭설이 내려 다른 곳으로 갈 수 없고 이웃도 만날 수 없게 되었다.

( )

화산 폭발 때문에 수십 명의 사람들이 죽었다.

( )

강에서 수영하던 사람들이 물에 빠졌는데 찾을 수 없다. 그리고 살았는지 죽었는지 알 수 없다.

( )

끊어진 도로 때문에 다른 곳으로 갈 수 없는 사람들을 도와서 그곳에서 데리고 나왔다.

( )

–(으)ㄹ 수밖에 없다

1. 다음을 연결하여 한 문장으로 만드십시오.

1) 처음 하는 일이다	•	• 17층까지 걸어서 올라가다
2) 엘리베이터가 고장이 났다	•	• 힘들다
3) 세계적으로 유명한 요리사가 하는 식당이다	•	• 여행 계획을 취소했다
4) 두 사람이 성격이 너무 다르다	•	• 반 친구들한테 인기가 많다
5) 투이 씨는 친절하고 친구들을 잘 도와주다	•	• 예약하기가 어렵다
6) 갑자기 수술을 하게 됐다	•	• 자주 싸우다

1) 처음 하는 일이니까 힘들 수밖에 없다.

2) ______________________.

3) ______________________.

4) ______________________.

5) ______________________.

6) ______________________.

2. 보기 에서 알맞은 내용을 골라 대화를 완성하십시오.

보기

~~부모님이 너무 심하게 반대하다~~	내일 아침까지 일을 끝내야 하다	카드를 잃어버렸다
서류에 직접 서명을 해야 하다	준비 부족으로 경기력이 엉망이다	계속 약속을 안 지켰다

1) 가: 두 사람이 왜 헤어졌어요?

나: 부모님이 너무 심하게 반대해서 헤어질 수밖에 없었어요.

2) 가: 늦었는데 왜 퇴근하지 않고 일해요?

나: ____.

3) 가: 바트 씨는 화를 잘 안 내잖아요. 그런데 왜 화를 냈어요?

나: ____.

4) 가: 전화해도 되는데 왜 사무실에 가요?

나: ____.

5) 가: 현금 자동 인출기(ATM)가 있는데 왜 은행에 가요?

나: ____.

6) 가: 어제 축구 경기에서 우리 나라가 졌다면서요? 저는 이길 줄 알았어요.

나: ____.

만으로는

1. 다음을 연결하여 한 문장으로 만드십시오.

1) 영어를 잘하다 •	• 취직하기 힘들다. 한국어 실력도 좋다
2) 외모가 뛰어나다 •	• 건강을 유지하기 힘들다. 몸에 안 좋은 음식도 피하다
3) 자기소개서를 잘 쓰다 •	• 시험을 잘 보기 어렵다. 복습과 예습도 충분히 하다
4) 운동하다 •	• 배우가 되기 어렵다. 연기력도 있다
5) 직원을 위해서 일하는 시간을 줄이다 •	• 부족하다. 일하는 환경도 바꾸다
6) 숙제를 하다 •	• 충분하지 않다. 입학 서류도 잘 준비하다

1) 영어를 잘하는 것만으로는 취직하기 힘듭니다. 한국어 실력도 좋아야 합니다.

2) ______________________.

3) ______________________.

4) ______________________.

5) ______________________.

6) ______________________.

2. 보기 와 같이 대화를 완성하십시오.

보기

가: 열심히 노력하면 원하는 일을 다 할 수 있을까요?

나: 노력만으로는 부족해요. 운도 있어야 해요.

1) 가: 열정이 있으면 자기 분야에서 성공할 수 있을까요? (열정 / 좋은 사람들도 만나다)

나: ______________________.

2) 가: 한국에서 요리사 자격증을 따고 싶어서 요리 학원에 다니고 있어요.

(학원에 다니다 / 배운 것도 다시 연습해 보다)

나: ______________________.

3) 가: 돈이 많으면 행복하겠지요?

나: ______________________.

4) 가: 몸에 좋은 음식을 먹으면 건강하게 살 수 있을까요?

나: ______________________.

5) 가: 친구하고 싸웠는데 문자 메시지를 보내서 사과하면 화가 풀릴까요?

나: ______________________.

6) 가: 수업 시간에 선생님 설명을 열심히 들으면 좋은 점수를 받을 수 있어요?

나: ______________________.

어휘·표현 2

1. 보기 에서 알맞은 표현을 골라 문장을 완성하십시오.

보기		
신호를 위반하다	얼굴을 가리다	집을 비우다
범인을 검거하다	물건을 훔치다	

1) 빈집들을 돌아다니면서 ____________________(으)ㄴ 도둑이 결국 경찰에게 잡혔다.

2) 유명한 연예인들은 길에서 다른 사람들이 자신을 알아보지 못하게 ____________________고 다닌다.

3) 물건을 사러 가느라고 잠깐 ____________________았는데/었는데 도둑이 들어와서 내 노트북을 가져갔다.

4) 요즘은 무인 감시 카메라가 많이 설치되어 있어서 경찰들이 예전보다 ____________________기가 쉬워졌다.

5) 횡단보도에서 기다리던 사람이 신호등이 빨간불인데도 ____________________고 길을 건너다가 사고가 날 뻔했다.

2. 보기 에서 알맞은 어휘를 골라 문장을 완성하십시오.

보기				
방안	현황	피해자	고령자	귀중품

1) 요즘 노인 인구가 많아지면서 __________을/를 위한 일자리가 더 많이 필요해졌다.

2) 운전을 하다가 앞차를 들이받는 바람에 앞차에 있던 사람이 다쳤다. 그래서 __________에게 병원비를 보상해 주었다.

3) 요즘 음주 운전 사고가 늘어나고 있다. 이러한 사고를 줄일 수 있는 __________을/를 마련해야 한다.

4) 수영장이나 찜질방에 가면 __________을/를 잃어버리지 않도록 보관해 주는 곳에 맡기는 것이 좋다.

5) 지난 10년 동안의 교통사고 발생 __________을/를 조사했다.

-자면

1. 다음을 연결하여 한 문장으로 만드십시오.

1) 발표를 잘하다 •		• 재활용을 하는 것이 필요하다
2) 빨리 낫다 •		• 쓴 것을 외워서 자연스럽게 말할 수 있도록 해야 하다
3) 음주 운전 사고를 줄이다 •		• 의사 선생님의 말씀대로 해야 하다
4) 환경을 보호하다 •		• 한국어 실력뿐만 아니라 영어 실력도 필요하다
5) 소비 습관을 바꾸다 •		• 운전자를 대상으로 안전 교육을 실시할 필요가 있다
6) 좋은 회사에 취직하다 •		• 돈을 쓰기 전에 지출 계획을 세워야 하다

1) 발표를 잘하자면 쓴 것을 외워서 자연스럽게 말할 수 있도록 해야 한다.

2) ______________________________.

3) ______________________________.

4) ______________________________.

5) ______________________________.

6) ______________________________.

2. 보기 와 같이 대화를 완성하십시오.

보기

가: 내일 면접시험이 있는데 어떻게 하면 실수하지 않고 잘할 수 있을까요?

나: 면접시험을 잘 보자면 예상 질문에 대한 대답을 미리 준비해야 합니다.

1) 가: 한국에 와서 늦잠을 자는 습관이 생겼습니다. 이 습관을 고치고 싶은데 좋은 방법이 있습니까?

(자기 전에 스마트폰을 보지 않거나 저녁에 일찍 자다)

나: ______________________________.

2) 가: 한 달 동안 미국으로 여행을 가려고 합니다. 먼저 무엇을 준비해야 합니까? (우선 비자를 신청하다)

나: ____.

3) 가: 대학교에 입학해서 한국 학생들과 잘 지내고 싶습니다. (팀 활동에 적극적으로 참여하다)

나: ____.

4) 가: 건강하게 살고 싶은데 어떻게 하면 됩니까?

나: ____.

5) 가: 나중에 건축가가 되고 싶은데 어떤 전공을 선택하면 좋을까요?

나: ____.

-는/(으)ㄴ 만큼

1. 보기 에서 알맞은 것을 골라 대화를 완성하십시오.

보기

- ~~열심히 준비했다 – 좋은 결과가 있을 것이다~~
- 환절기이다 – 건강에 유의해야 하다
- 가격이 비싸다 – 성능이 좋을 것이다
- 문제가 복잡하다 – 시간이 많이 걸릴 것이다
- 제품에 문제가 발생했다 – 교환이 가능할 것이다
- 열심히 연습하다 – 실력이 늘 것이다

1) 가: 취직 시험을 봤는데 좋은 결과가 있었으면 좋겠어요.

나: **열심히 준비한 만큼 좋은 결과가 있을 겁니다.**

2) 가: 그 문제를 해결하려면 시간이 얼마나 걸릴까요?

나: ____.

3) 가: 날마다 연습을 하고 있는데도 말하기 실력이 늘지 않아서 고민이에요.

나: ______________________________.

4) 가: 요즘 감기에 걸려서 병원을 찾는 사람들이 많아졌습니다.

나: ______________________________.

5) 가: 이 스마트폰은 성능이 좋겠지요?

나: ______________________________.

6) 가: 어제 산 노트북 컴퓨터가 켜지지 않아요. 교환하고 싶은데 박스를 열었으면 교환이 안 된다고 해서 걱정이에요.

나: ______________________________.

2. 보기 와 같이 대화를 완성하십시오.

보기

가: 화산 폭발로 인한 피해가 언제쯤 복구될 수 있을까요?

나: 피해가 큰 만큼 복구하는 데 시간이 좀 많이 걸릴 것 같습니다.

1) 가: 해빙기에 언 강물 위를 걸으면 안 되지요? (위험하다 – 걷지 않는 것이 좋다)

나: ______________________________.

2) 가: 이번에 새로 나온 노트북이 잘 팔리겠지요? (가격도 저렴하고 성능도 뛰어나다 – 잘 팔릴 것이다)

나: ______________________________.

3) 가: 오늘은 운전하면 안 되겠지요? (눈 때문에 길이 미끄럽다 – 운전하지 않는 것이 좋다)

나: ______________________________.

4) 가: 그 가수가 이번에 연기에 도전한다고 하던데 성공할 수 있을까요? (노력했다)

나: ______________________________.

5) 가: 그동안 열심히 준비했는데 요즘 취직이 어렵다고 해서 걱정이에요.

나: ______________________________.

듣고 말하기

1. 잘 듣고 문장을 완성하십시오.

1) 12-1

오늘 아침 6시 무렵에 서울역 근처에서 노인이 길을 건너다 달려오던 차에 (①   ). 이 노인은 옆에 횡단보도가 있었는데도 횡단보도로 건너지 않고 (②   ) 합니다.

2) 12-2

진행자 먼저 전체 교통사고 발생 현황과 고령자 교통사고 발생 현황에 대해 말씀해 주시겠습니까?

박사 (①   ) 교통사고 발생률은 지난 5년간 지속적으로 (②   ). 반대로 (③   ) 교통사고 발생률은 약 25% 정도나 (④   ).

진행자 그럼 고령자 교통사고 발생률이 높은 이유가 있을 텐데요. 그 원인은 무엇입니까?

박사 우선 다른 연령층에 비해 고령 운전자들은 (⑤   ) 않습니다. 게다가 (⑥   ) 편입니다.

진행자 그에 대한 대책이 필요하겠군요. 그럼 (⑦   ) 어떻게 해야 하는지 말씀해 주시겠습니까?

박사 (⑧   ) 중요합니다. 그러니 고령 운전자를 대상으로 이러한 것을 지켜야 한다는 생각을 갖도록 교육하는 것이 필요합니다.

읽고 쓰기

1. 다음을 읽고 (   )에 들어갈 내용을 쓰십시오.

> 이 해빙기에는 얼었던 강물이나 호수가 녹으면서 물에 빠지는 사고가 자주 일어난다. 얼음에 구멍을 뚫고 낚시를 하거나, 얼음이 두꺼운 줄 알고 그 위에서 놀이를 하거나 걷다가 얼음이 깨지면서 물에 빠지는 일이 많기 때문이다. 눈으로 볼 때는 얼음이 두꺼워 보여도 사실 (   ) 조심해야 한다.

→ ______________________________

2. 다음을 읽고 보기 의 문장이 들어가기에 알맞은 곳을 고르십시오. (   )

> 이 도둑들은 집 앞에 신문, 우유가 쌓인 것이나 밤에도 불이 켜지지 않는 것을 보고 빈집이라고 생각하고 집 안으로 침입한다. (㉠) 이런 도둑은 잡기도 어렵다. (㉡) 요즘 무인 감시 카메라(CCTV)가 곳곳에 설치되어 있어 범인을 쉽게 검거할 수 있을 거라고 생각한다. (㉢) 이런 범죄를 예방하자면 집을 비우기 전에 이웃에게 부탁하여 우편물이 쌓이지 않게 하거나, 신문이나 우유는 배달하는 곳에 미리 연락해서 휴가 동안 배달이 되지 않도록 하는 것이 좋다. (㉣)

보기

> 하지만 범인들은 대부분 밤에 집에 침입하고 얼굴도 가리고 있어 검거하기가 어렵다.

3. 다음을 읽고 (   ) 안에 <u>들어갈 수 없는 것을</u> 고르십시오. (   )

> 이 시기에는 벌의 독성이 강해져서 위험한 만큼 벌에 쏘이지 않도록 조심해야 한다. 벌 쏘임으로 인한 (   ) 가을철 산으로 성묘를 갈 때는 검은색이나 어두운색 옷을 피하고 향수도 뿌리지 않는 것이 좋다.

① 피해를 막자면 ② 피해를 막으려면 ③ 피해를 막기 위해서 ④ 피해를 막을 겸 해서

13과 동식물과 함께하는 생활

어휘·표현 1

1. 보기 에서 알맞은 표현을 골라 문장을 완성하십시오.

보기

외로움을 달래다　안락사를 시키다
정서적으로 안정되다　관리되다　훈련을 시키다

1) 불안한 생각이 들 때 조용한 음악을 들으면 ______________ㄴ다/는다.

2) 요즘 특히 혼자 지내는 시간이 많다. 그래서 ______________기 위해 고향에 계신 부모님께 자주 전화를 건다.

3) 키우던 강아지가 고칠 수 없는 병에 걸렸다. 너무 아파해서 ______________(으)ㄹ 수밖에 없었다.

4) 반려동물은 공공장소에서 다른 사람에게 피해를 주지 않도록 ______________아야/어야 한다.

5) 공원에 있는 나무와 꽃들이 잘 ______________아서/어서 그런지 건강해 보였다.

2. 보기 에 있는 표현을 골라 문장을 완성하십시오.

보기

배설물	먹이	어항 물
잡초	털	벌레

치우다	잡다	챙겨 주다
빗기다	갈다	뽑다

1) 반려동물의 __________을/를 빨리 __________지 않으면 안 좋은 냄새가 난다.

2) 우리 학교에는 고양이가 많은데 학생들이 돈을 모아서 고양이에게 ________을/를 ________ㄴ다/는다.

3) 정원에 심어 놓은 채소가 잘 자랄 수 있도록 주위에 있는 ________을/를 ________아/어 주었다.

4) 여행을 가느라고 2주일 동안 ________을/를 ________아/어 주지 못했기 때문에 물이 더러워져서 물고기들이 다 죽어 버렸다.

5) 요즘 화분에 있는 나무의 잎을 먹는 ________이/가 생겨서 ________아/어 주고 나니까 잎이 건강해졌다.

6) 환절기에는 반려동물의 피부 건강을 위해서 ________을/를 자주 ________아/어 주는 것이 좋다.

은/는커녕, -기는커녕

1. 보기 와 같이 대화를 완성하십시오.

> 보기
>
> 가: 늦었는데 택시를 타지 그래요?
>
> 나: 용돈을 다 써 버려서 택시비는커녕 버스비도 없어요.

1) 가: 지훈 씨는 혼자 오래 살았으니까 김치찌개는 잘 끓일 수 있겠네요. (김치찌개 – 라면)

나: ________________________________.

2) 가: 여기저기 많이 다니는 것 같은데 자동차 있어요? (자동차 – 자전거)

나: ________________________________.

3) 가: 어제 취직한 친구를 만나러 간다고 했잖아요. 친구가 맛있는 거 사 주던가요? (맛있는 거 / 커피)

나: ________________________________.

4) 가: 점심 먹었어요?

나: ________________________________.

5) 가: 다음 주에 시험을 보는데 공부 많이 했어요?

나: ________________________________.

2. (보기) 와 같이 대화를 완성하십시오.

보기

가: 주말에 푹 쉬었지요?

나: 쉬기는커녕 오히려 발표 준비하느라고 전혀 못 잤어요.

1) 가: 문화 체험 잘 다녀왔어요? 재미있었어요? (재미있다 – 갑자기 비가 오는 바람에 고생하다)

나: ______________________________.

2) 가: 한국어능력시험 잘 봤어요? (잘 보다 – 늦게 일어나서 시험 장소에도 못 가다)

나: ______________________________.

3) 가: 방학에 제주도에 간다고 했지요? 재미있게 놀다가 왔어요?

(재미있게 놀다 – 태풍 때문에 공항에서 10시간이나 기다리느라고 고생하다)

나: ______________________________.

4) 가: 여행 가서 맛있는 거 많이 먹었어요?

나: ______________________________.

5) 가: 아르바이트 시작했다면서요? 경험을 많이 쌓을 수 있어서 좋지요?

나: ______________________________.

6) 가: 어제 세일한다고 해서 백화점에 갔잖아요. 물건이 싸던가요?

나: ______________________________.

–는걸요/(으)ㄴ걸요

1. (보기) 와 같이 대화를 완성하십시오.

보기

가: 초대해 줘서 고마워요.

나: 고맙기는요. 이렇게 와 주셔서 제가 더 감사한걸요.

1) 가: 한국어 참 잘하시네요. (아직 부족한 것이 많다)

나: 잘하기는요. ______________________________.

2) 가: 저희 집 찾느라고 고생하셨지요? (길을 잘 설명해 줘서 쉽게 찾았다)

나: 아니요, ______________________________.

3) 가: 제 이사 도와주느라고 어제 많이 힘들었지요? (도와줄 수 있어서 좋았다)

나: 무슨 말씀이세요. ______________________________.

4) 가: 요리 실력이 참 좋으시네요. (요리 학원에 다닌 지 얼마 안 되어서 아직 배울 게 많다)

나: 좋기는요. ______________________________.

5) 가: 아는 게 많네요. 어렸을 때 책을 많이 읽었나 봐요.

나: ______________________________.

6) 가: 그림을 참 잘 그리시네요.

나: ______________________________.

2. 보기 와 같이 대화를 완성하십시오.

보기

가: 숙제를 늦게 내니까 선생님이 화를 내셨지요?

나: 아니요, **칭찬해 주셨는걸요.** 숙제는 늦게라도 내는 게 좋다고 하셨어요.

1) 가: 음식이 좀 맵지요?

나: 아니요, ______________________________. 제 입맛에 잘 맞아요.

2) 가: 유학 생활이 좀 힘들지요?

나: 아니요, ______________________________. 새로운 경험을 할 수 있어서 좋아요.

3) 가: 지난 방학에 고향에 갔다 왔지요?

나: 아니요, ______________________________. 친구들이랑 부산 여행을 했어요.

4) 가: ○○ 씨, 고등학교 다닐 때 인기가 많았지요?

나: ______________________________.

5) 가: 이 스마트폰은 디자인도 예쁘고 기능도 많으니까 비싸겠어요.

나: ______________________________.

어휘·표현 2

1. 보기 에서 알맞은 표현을 골라 문장을 완성하십시오.

보기

날아가다 북적거리다 잡초가 무성하다

더불어 살아가다 방치되다

1) 쉬는 시간이 되면 커피숍은 학생들로 ________________ ㄴ다/는다.

2) 요즘 시간이 없어서 정원을 돌보지 않았더니 ________________아졌다/어졌다.

3) 우리는 서로서로 도와야 한다. 왜냐하면 ________________는/(으)ㄴ 사회이기 때문이다.

4) 사용하지 않는 칠판과 의자들이 복도에 몇 주 동안 ________________아/어 있어서 지저분해 보인다.

5) 요즘 이런저런 일 때문에 스트레스가 많이 쌓였는데 친구들과 여행을 갔다 오니까 스트레스가 다 ________________아/어 버렸다.

2. 다음 내용을 읽고 관계가 있는 어휘를 보기 에서 골라 넣으십시오.

보기

용어 저출산 고령화 입양 유기

초등학생의 수가 계속 줄고 있다. 왜냐하면 요즘 아이를 적게 낳기 때문이다.

( )

집에서 키우던 동물을 돌보지 않고 길에 버렸다.

( )

노인 인구가 늘어나면서 전체 인구 중에서 노인의 비율이 높아졌다.

( )

요즘은 자신이 낳지 않은 아이를 데려와서 자식으로 키우는 사람들이 많다.

( )

대학교에서 공부할 때는 전공 분야에서 사용하는 말을 잘 알아야 한다.

( )

-(으)나 마나

1. 보기 와 같이 대화를 완성하십시오.

보기

- ~~이야기하다 / 계속 시끄럽게 하다~~
- 청소하다 / 금방 집 안이 지저분해지다
- 그렇게 조금 듣는 것은 듣다 / 30분 이상 들어야 하다
- 열다 / 바람이 전혀 안 불다
- 먹다 / 오늘은 병원에 가서 진찰을 받아야겠다
- 있다 / 한 달에 한 번밖에 못 만나다

1) 가: 친구한테 조용히 해 달라고 이야기했어요?

나: 이야기하나 마나예요. 다른 사람 말을 듣지 않아요.

2) 가: 어제 약국에서 사 온 약 먹었어요? 아직도 기침을 하네요.

나: ______________________________.

3) 가: 남자 친구 있어서 좋겠어요. 부러워요.

나: ______________________________.

4) 가: 더운데 문 좀 열까요?

나: ______________________________.

5) 가: 아이들이 어려서 청소해도 소용없겠어요.

나: ______________________________.

6) 가: 한국어 듣기 실력이 부족해서 요즘 하루에 5분씩 책에 있는 대화를 듣고 있어요.

나: ______________________________.

2. 보기 와 같이 대화를 완성하십시오.

보기

가: 다음 한국어능력시험이 어렵겠지요?

나: 보나 마나 어려울 거예요.

1) 가: 이 그림이 비쌀까요? 가격이 얼마인지 물어볼까요? (물어보다 – 비싸다)

나: ________________. 유명한 화가가 그린 그림이잖아요.

2) 가: 지금 영화관에 가면 사람이 많겠지요? (가다 – 사람이 많다)

나: 주말 저녁이니까 ________________.

3) 가: 이 옷 어때요? 저한테 어울릴 것 같은데 입어 볼까요? (입어 보다 – 어울리다)

나: ________________.

4) 가: 드라마가 새로 시작했다고 하는데 봤어요? 재미있을까요?

나: 그럼요. 유명한 배우들이 출연하니까 ________________.

5) 가: 장핑 씨가 만든 음식이 맛있을까요?

나: ________________.

(이)나 다름없다

1. 보기 와 같이 문장을 완성하십시오.

보기

제 친구는 제가 모르는 한국어 문법을 잘 설명해 줘서 저한테는 선생님이나 다름없어요.

1) 이모가 저를 10년 동안 키워 주셔서 ________________.

2) 어렸을 때 날마다 친구 집에서 밥을 먹었어요. 그래서 친구 집이 ________________.

3) 저는 부산에서 태어났어요. 그런데 태어나자마자 서울로 이사 왔어요.

그래서 서울이 ________________.

4) 저희 집 고양이는 10년이나 같이 살았어요. 그래서 ______________________________.

5) 이 컴퓨터는 제 친구 거예요. 그런데 친구가 저한테 마음대로 써도 된다고 했어요.

그러니까 ______________________________.

2. 보기 와 같이 대화를 완성하십시오.

보기

- ~~우유 한 잔밖에 안 먹었다 – 안 먹었다~~
- 부산 친구한테 아주 많이 들었다 – 갔다 왔다
- 바로 대답하지 않고 생각해 보겠다고 말했다 – 거절했다
- 영화가 시작하자마자 잠이 들었다 – 안 봤다
- 마지막 정리만 하면 되다 – 다 했다
- 올라가다가 10분 만에 내려왔다 – 안 갔다

1) 가: 아침 먹었어요?

나: 아니요, 우유 한 잔밖에 안 먹었으니까 안 먹은 것이나 다름없어요.

2) 가: 부산에 자주 여행 가요? 부산에서 유명한 곳을 많이 아네요.

나: 안 가 봤는데 ______________________________.

3) 가: 발표 준비 다 했어요?

나: ______________________________.

4) 가: 이 영화 봤어요?

나: ______________________________.

5) 가: 어제 등산 잘 다녀왔어요?

나: ______________________________.

6) 가: 어제 친구한테 좀 어려운 부탁을 했는데 친구가 생각해 보겠다고 하더라고요.

나: ______________________________.

듣고 말하기

1. 잘 듣고 문장을 완성하십시오.

1) 13-1

기자 이곳의 좋은 점은 뭐라고 생각하십니까?

여자 이곳은 사람이 별로 없어서 (①). 그래서 조용히 있을 수 있어서 좋거든요. 저는 지하철로 (②) 지하철 안에는 사람들이 많은 데다가 복잡하고, (③) 시끄럽잖아요. 그리고 사무실에서도 여러 사람들과 같이 업무를 하니까 (④).

2) 13-2

이곳은 한 회사의 옥상 정원입니다. 담배꽁초가 바닥에 여기저기 버려져 있고 치우지 않은 쓰레기도 쌓여 있습니다. (①) 나쁜 냄새까지 나는데요. 사람들은 꽃을 보면서 자연을 느끼려고 여기에 올라오는데 (②) 있습니다. 이런 곳에서 어떻게 휴식을 취할 수 있을까요? (③) 같습니다. 이곳은 사람들이 전혀 쉴 수 없는 공간이 되어 버렸네요.

또 다른 곳을 찾아가 보았습니다. 이곳은 이 지역에서 가장 크고 아름다운 옥상 정원으로 유명했던 곳입니다. 그런데 꽃과 나무의 잎들은 (④). 게다가 바닥은 새들의 배설물로 더러워져 있습니다.

옥상 정원은 도심에서 자연을 즐기며 휴식을 취할 수 있도록 만들어 놓은 공간입니다. 그런데 이렇게 관리되지 않고 (⑤). 휴식을 위해 만들어 놓은 공간인 만큼 여러 사람이 이용할 수 있도록 잘 관리해야 할 것입니다.

읽고 말하기

1. 다음을 읽고 제목으로 알맞은 것을 고르십시오. (   )

> 반려동물은 '사람과 더불어 살아가는 동물'이라는 의미이다. 2007년 전까지는 '옆에 두고 귀여워 하면서 기르는 동물'인 '애완동물'이라는 말을 사용했는데, 2007년 '동물 보호법'이 개정된 이후부터는 '반려동물'이라는 용어를 사용하고 있다.

① 동물 보호법이 개정된 이유
② 반려동물의 의미와 그 용어를 사용한 시기
③ 애완동물에서 반려동물로 용어가 바뀐 이유

2. 다음을 읽고 아래의 표현을 이용하여 요약하십시오.

> 반려동물은 사람과 더불어 살아가는 '가족이나 다름없는 동물'인 만큼 '아이처럼' 또는 '가족처럼' 생각해야 한다. 그리고 반려동물을 입양해서 가족으로 맞는 순간부터 반려동물이 죽는 마지막 순간까지 책임을 지는 것도 중요하다.

반려동물을 입양하는 사람, 반려동물, 가족이나 다름없다, 끝, 책임을 지다

→ ______________________________.

3. 다음을 읽고 주요 내용을 요약하십시오.

> 농림축산식품부에서 성인 남녀 5,000명을 대상으로 설문 조사를 실시하여 유기 동물 입양에 대한 의견을 알아보았다. 우선 유기 동물 입양 찬반에 대한 조사 결과, 유기 동물 입양에 찬성하는 사람은 94.2%를 차지하였고, 반대하는 사람은 5.8%를 차지하여 대부분의 사람들이 유기 동물 입양에 찬성하는 것으로 나타났다.

조사 기관	
조사 내용	
조사 결과	• • •

14과 소중한 환경

어휘·표현 1

1. 보기 에서 알맞은 어휘를 골라 문장을 완성하십시오.

보기

대기 오염　　수질 오염　　토양 오염　　매연　　폐수

1) 공장에서 버린 ________________ 때문에 물고기가 떼죽음을 당했다.

2) ________________이/가 심각해지면 우리가 마실 물을 구하기 어려워질 것이다.

3) 대중교통을 이용하면 자동차에서 나오는 ________________을/를 줄일 수 있다.

4) 농약의 사용으로 인해 ________________이/가 심각해지고 있다.

5) 요즘은 ________________이/가 심각해져서 맑은 하늘을 보지 못할 때가 많다.

2. 보기 에서 알맞은 어휘를 골라 다음 글을 완성하십시오.

보기

환경 오염　　일회용품　　실천　　분리하다　　지구 온난화

요즘 환경 단체에서 ________________을/를 막기 위한 여러 가지 활동을 하고 있다. 그중 하나는 갈수록 지구의 온도가 올라가고 있는 ________________ 현상을 막기 위해 에어컨을 적게 사용하자고 하는 것이다. 또 하나는 쓰레기에 관한 것이다. 한 번 쓰고 버리는 ________________ 쓰레기를 줄이고 쓰레기를 버릴 때 일반 쓰레기와 재활용 쓰레기를 ________________아서/어서 버리면 지구를 지키는 데 도움이 된다는 것이다. 처음부터 이것들을 모두 지키기는 쉽지 않겠지만 우리가 생활에서 작은 것부터 ________________을/를 하면 지구는 점점 깨끗해질 것이다. 따라서 우리는 환경 단체의 이러한 활동에 관심을 가질 필요가 있다.

에 달려 있다

1. 보기 에서 알맞은 표현을 골라 대화를 완성하십시오.

보기

운	마음먹기	신선한 재료
어떤 선배를 만나다	짐이 얼마나 많다	언제 여행 가다

1) 가: 이번에는 꼭 복권에 당첨됐으면 좋겠어요.

나: 복권 당첨은 __운__ 에 달려 있어요. 운이 좋으면 당첨될 날이 있겠지요.

2) 가: 제가 이렇게 큰일을 잘할 수 있을지 모르겠어요.

나: 모든 일은 ______________________ 에 달려 있어요. 자신감을 가지고 하면 잘할 수 있을 거예요.

3) 가: 신입 사원이 회사 생활을 잘 하려면 무엇이 중요할까요?

나: 회사 생활은 ______________________ 에 달려 있습니다. 그분들은 경험이 많기 때문에 여러 도움을 줄 수 있거든요.

4) 가: 부산으로 가는 KTX 표를 예매하려고 하는데 자리가 있을까요?

나: 그건 ______________________ 에 달려 있어요. 주말에는 평일보다 표를 구하기가 힘들 거예요.

5) 가: 다음 달에 이사를 하는데 이사 비용은 얼마나 들까요?

나: 이사 비용은 ______________________ 에 달려 있어요. 이삿짐센터에 물어보세요.

6) 가: 음식 사업으로 크게 성공하셨는데 비결이 있으십니까?

나: 음식 사업의 성공 비결은 ______________________ 에 달려 있습니다. 소비자들도 먹어 보면 다 알 수 있거든요.

2. (보기) 와 같이 문장을 완성하십시오.

> **보기**
>
> 행복은 생각하기에 달려 있어요.

1) 가수의 성공과 실패는 ________________________.

2) 사업의 성공과 실패는 ________________________.

3) 즐거운 학교생활은 ________________________.

4) 말하기 실력은 ________________________.

5) 우리 나라의 미래는 ________________________.

-다가는

1. 다음을 연결하여 한 문장으로 만드십시오.

1) 그렇게 낭비하다 •	• 필요할 때 쓸 돈이 없다
2) 휴대 전화를 보면서 운전하다 •	• 우울해지다
3) 그렇게 복도에서 뛰어다니다 •	• 유급하게 되다
4) 계속 자기 말만 하다 •	• 교통사고가 나다
5) 그렇게 계속 집에만 있다 •	• 친구들이 싫어하게 되다
6) 그렇게 자주 결석하다 •	• 다치다

1) 그렇게 낭비하다가는 필요할 때 쓸 돈이 없을 거예요.

2) ________________________.

3) ________________________.

4) ____.

5) ____.

6) ____.

2. 보기 와 같이 대화를 완성하십시오.

보기

가: 요즘에는 집에 가면 그냥 제 방에 가서 제 일만 해요. 가족들과 대화를 잘 안 해요.

나: 그렇게 가족과 대화를 안 하다가는 사이가 점점 멀어질 거예요.

1) 가: 아르바이트를 하느라고 시간이 부족해서 오늘도 숙제를 못 했어요.

나: ____.

2) 가: 햄버거는 정말 맛있는 것 같아요. 매일 햄버거만 먹었으면 좋겠어요.

나: ____.

3) 가: 저는 매일 자기 전에 스마트폰으로 한 시간 정도 게임해요.

나: ____.

4) 가: 시간도 없는데 병원에 가서 치료를 계속 안 받아도 되겠지요?

나: ____.

5) 가: 한 번 쓰고 버리는 게 편해서 일회용품을 자주 써요.

나: ____.

6) 가: 아이가 걱정되어서 제가 모든 일을 다 해 줘요.

나: ____.

어휘·표현 2

1. 보기 에서 알맞은 어휘를 골라 문장을 완성하십시오.

보기

등장하다 부서지다 썩다 장사하다 떠다니다

1) 바닥에 ______________는/(으)ㄴ 유리 조각이 있었는데 못 보고 밟아서 발을 다쳤다.

2) 전통 시장은 다양한 물건을 가지고 와서 ______________는/(으)ㄴ 사람들로 북적거린다.

3) 예전에는 휴대 전화로 통화와 문자 메시지 보내기만 할 수 있었는데 스마트폰이 새롭게 ______________(으)면서 우리의 생활이 크게 바뀌었다.

4) 강으로 흘러 들어가는 공장 폐수 때문에 물고기들이 죽어서 강 위에 ______________고 있었다.

5) 플라스틱은 가볍고 사용하기가 편하지만 ______________지 않아서 환경 오염의 원인이 되고 있다.

2. 보기 에서 알맞은 어휘를 골라 다음 대화를 완성하십시오.

보기

부족 부작용 생산량 무리 막상

1) 가: 여행 와 보니까 어때요?

나: 오기 전에는 별로 기대를 안 했는데 ______________ 오니까 좋네요.

2) 가: 이 책을 보고 운동을 했는데 허리가 더 아픈 것 같아요.

나: 운동 자세가 안 좋아서 그래요. 그렇게 운동하면 허리에 ______________이/가 올 수 있어요.

3) 가: 경제가 빠르게 발전하면서 사람들의 생활 수준이 올라갔습니다.

나: 그러나 빠른 경제 발전으로 인해 환경 오염 등의 ______________도 생겼습니다.

4) 가: 올해 밀가루 가격이 오른 이유는 무엇입니까?

나: 날씨의 영향을 받아 작년에 비해 ______________이/가 감소했기 때문입니다.

5) 가: 요즘은 조금만 걸어도 힘들어요.

나: 운동 ______________예요/이에요. 운동해서 체력을 좀 기르세요.

–(으)ㄴ 채로

1. 다음 그림을 보고 대화를 완성하십시오.

보기

가: 아까 할아버지한테 왜 혼났어요?

나: **팔짱을 낀 채로** 인사했거든요.

1)

가: 교실이 좀 추운 것 같네요.

나: 네, 저는 ______________________(으)ㄴ 채로 공부할래요.

2)

가: 어제 본 공포 영화는 어땠어요?

나: 너무 무서워서 ______________________(으)ㄴ 채로 봤더니 영화 내용을 하나도 모르겠어요.

3)

가: 왜 그렇게 힘이 없어?

나: 오늘 하루 종일 ______________________(으)ㄴ 채로 다녔더니 힘이 없네.

4)

가: 어제 밤늦게까지 일하느라고 피곤했지요?

나: 네, 집에 들어가서 드라마를 잠깐 보다가 ______________ ______________(으)ㄴ 채로 잠들었어요.

5)

가: 방금 왔는데 왜 다시 집에 가요?

나: 깜빡하고 ______________________(으)ㄴ 채로 나왔거든요.

2. 보기 에서 알맞은 표현을 골라 대화를 완성하십시오.

보기

~~밥그릇을 들다~~ 침대에 눕다 의자에 앉다
주머니에 휴지를 넣다 주머니에 손을 넣다

1) 가: 한국에서 주의해야 할 식사 예절이 있나요?

나: 밥그릇을 든 채로 먹으면 안 됩니다.

2) 가: 제가 아까 뭐 잘못했어요? 교수님 표정이 별로 안 좋으시던데요.

나: 한국에서는 ______________(으)ㄴ 채로 윗사람에게 인사하는 걸 좋아하지 않거든요.

3) 가: 바지가 왜 이렇게 됐어요?

나: 제가 실수로 ______________(으)ㄴ 채로 빨래를 했거든요.

4) 가: 우리 형은 너무 게을러서 ______________(으)ㄴ 채로 나한테 모든 걸 시켜.

나: 우리 누나도 그래. 시키는 걸 안 할 수도 없고 힘들어 죽겠어.

5) 가: 몸이 불편해 보이는데 어디 아파요?

나: 어젯밤에 숙제를 하다가 ______________(으)ㄴ 채로 잠이 들었는데 아침에 일어나 보니까 목하고 어깨가 아프네요.

-는/(으)ㄴ 법이다

1. 보기 에서 알맞은 문장을 골라 대화를 완성하십시오.

보기

~~사람의 욕심은 끝이 없다~~
부모에게 자식은 언제나 어리다 자신이 노력하지 않으면 실력이 늘지 않다
아무리 좋은 소리도 여러 번 들으면 싫다 아무리 친한 사이라도 서로 지켜야 할 예의가 있다

1) 가: 취업에 실패했을 때는 어디든지 취업만 했으면 좋겠다고 생각했는데, 작은 회사에 들어가니까 또 월급이 적어서 마음에 안 들어요.

나: 사람의 욕심은 끝이 없는 법이에요.

2) 가: 나는 동생이 걱정되어서 여러 번 말한 건데 동생이 같은 이야기를 몇 번이나 하냐고 짜증을 내더라고요.

나: ____.

3) 가: 저도 이제 20대인데 부모님은 항상 저를 아이처럼 생각하시는 것 같아요.

나: ____.

4) 가: 친구에게 장난으로 머리가 나쁘다고 했더니 다른 사람 앞에서 자기를 창피하게 만들었다고 화를 냈어요.

나: ____.

5) 가: 우리 아들한테 정말 좋은 피아노 선생님을 소개해 줬는데 왜 실력이 그대로인지 모르겠어요.

나: ____.

2. 보기 에서 알맞은 표현을 골라 대화를 완성하십시오.

보기		
~~고생 끝에 낙이 온다~~	남의 떡이 더 커 보인다	세 살 적 버릇 여든까지 간다
개구리 올챙이 적 생각 못 한다	윗물이 맑아야 아랫물이 맑다	

1) 가: 저 이번에 대학교에 합격했어요.

나: 정말 축하해요. 그동안 아르바이트하면서 공부하느라 힘들었지요? 고생 끝에 낙이 오는 법이에요.

2) 가: 이번에 읽기 시험을 못 봐서 속상한데 제프리 씨가 읽기 점수가 낮다고 저를 무시했어요.

나: 정말요? 제프리 씨가 1급 때 얼마나 읽기를 못했는데요. ______________________

______________________________________. 신경 쓰지 마세요.

3) 가: 제 밥보다 마키 씨 밥에 고기가 더 많이 들어 있는 것 같아요.

나: 원래 ______________________________________. 제 거랑 똑같아요.

4) 가: 어제 오랜만에 초등학교 동창을 만났는데 초등학교 때도 지각을 자주 했는데 어제도 늦게 오더라고요.

나: ______________________________________. 다음에도 늦게 올걸요.

5) 가: 옆집 아이가 다른 아이들하고 싸우는 걸 여러 번 봤어요.

나: 그 아이 아버지도 동네 사람들하고 많이 싸우더라고요. ______________________

____.

듣고 말하기

1. 잘 듣고 문장을 완성하십시오.

1) 14-1

남자	왜 이렇게 힘이 없어 보여? 다음 주가 시험 기간이라서 그래?
여자	(①). 우리 집 근처에서 집을 짓는 공사를 하는데 아침 일찍부터 땅, 땅, 땅. 아, 정말 너무 시끄러워. 주말에는 좀 늦게까지 자고 싶은데 일찍 깨게 된다니까.
남자	진짜 시끄럽겠다. 나는 아파트에 살잖아. 윗집 아이들이 (②) 잠을 통 못 자.
여자	너도 그렇구나. 요즘 여기저기 (③) 정말 심각한 것 같아.
남자	맞아. 심한 소음은 (④) 스트레스의 원인이 된대.

2) 14-2

여자	밤에 밝은 게 뭐가 나빠?
남자	밤에는 잠을 자야 하는데 너무 밝으면 (①). 내 방에도 주변에 있는 가게에서 빛이 많이 들어와. 집 근처에 있는 가게들이 (②).
여자	가게 광고하려고 불을 켜 놓고 가는 거지?
남자	응, 맞아. 그런데 나는 그 빛 때문에 밤에 깊이 잠들기가 힘들어.
여자	그럴 수도 있겠네. 난 그냥 보기에 예뻐서 좋았는데.
남자	빛이 너무 밝으면 사람은 (③) 되고 병에도 쉽게 걸릴 수 있대.

읽고 쓰기

1. 다음을 읽고 ㉠~㉣에 알맞은 것을 보기 에서 찾아 쓰십시오.

보기

썩다　　사용되다　　묻히다　　재활용되다

현대인들의 생활은 플라스틱으로 이루어져 있다고 할 정도로 생활 곳곳에서 플라스틱 컵, 빨대, 비닐봉지 같은 플라스틱 제품이 (㉠)고 있다. 플라스틱은 가볍고 사용하기가 편하기 때문에 매년 생산량이 증가하면서 플라스틱 쓰레기와 관련된 여러 가지 문제가 함께 발생하였다. 그 이유는 플라스틱 쓰레기의 14% 정도만 (㉡)고 대부분은 땅에 (㉢)아서/어서 (㉣)지 않고 쌓이기 때문이다.

㉠: ________________, ㉡: ________________, ㉢: ________________, ㉣: ________________

2. 다음을 읽고 답하십시오.

이런 상황에서 최근에는 플라스틱과 관련된 새로운 환경 문제가 등장했다. 바로 '미세 플라스틱' 문제이다. '미세 플라스틱'은 5㎜보다 작은 플라스틱 조각을 말한다. '미세 플라스틱'의 종류는 크게 두 가지로 나눌 수 있는데 하나는 화장품 등 제품에 넣기 위해 사람이 플라스틱을 미세한 형태로 만든 것이고 다른 하나는 바다로 흘러 들어간 큰 플라스틱 쓰레기가 태양 빛이나 파도로 인해 부서지면서 생긴 것이다.

미세 플라스틱이 문제가 되는 이유는 플라스틱을 만들 때 들어가는 화학 물질이 미세 플라스틱 안에 그대로 남아 있기 때문이다. 이 미세 플라스틱이 인간의 몸으로 들어오면 안 좋은 영향을 주게 되는 것이다. 그 과정을 살펴보면 다음과 같다. 미세 플라스틱은 하수 처리 시설에서 걸러지지 않고 바다로 흘러 들어간다. 이렇게 바다로 흘러 들어간 미세 플라스틱은 바다를 떠다니는데 이것을 해양 동물이 먹이로 착각하고 먹는다. 그리고 다시 이 해양 동물을 더 큰 해양 동물이 먹게 되고 그것들이 마지막으로 우리의 식탁에 오르는 것이다. 결국 우리가 버린 쓰레기를 (   ).

1) 주요 내용을 요약하십시오.

미세 플라스틱의 뜻	①
미세 플라스틱의 종류	② ③
미세 플라스틱이 인간의 몸으로 들어오는 과정	미세 플라스틱이 하수 처리 시설에서 (④) 바다로 흘러 들어감. → 해양 동물이 이것을 (⑤) 착각하고 먹음. → 이 해양 동물을 더 큰 해양 동물이 먹음. → 사람이 그 해양 동물을 먹음.

2) (   )에 들어갈 수 있는 것을 고르십시오. (   )

① 우리에게 달려 있다　　② 우리가 먹는 것이나 다름없다

③ 우리가 먹으려야 먹을 수 없다　　④ 우리가 먹기는커녕 버리게 된다

15과 과학과 기술

어휘 · 표현 1

1. 보기 에서 알맞은 어휘를 골라 문장을 완성하십시오.

보기				
신속하다	의존하다	빼앗기다	개발하다	깨어나다

1) 우리 슈퍼마켓은 바로 앞에 새로 생긴 대형 마트에 손님을 다 ______________았다/었다.

2) 화재가 발생했을 때는 ______________게 건물 밖으로 나가야 한다.

3) 30분 정도만 낮잠을 자려고 했는데 ______________아/어 보니까 저녁때였다.

4) 최근 기업들은 우리 생활을 더 편리하게 하는 첨단 제품을 ______________는 데 집중하고 있다.

5) 잠이 안 올 때마다 약을 먹으면 약에 ______________게 돼서 결국 약 없이 잠을 못 자게 될 수도 있다.

2. 보기 에서 알맞은 표현을 골라 문장을 완성하십시오.

보기				
해를 끼치다	방해를 하다	혜택을 주다	해를 입다	방해를 받다

1) 방에 들어갔는데 친구가 시험공부를 하는 것 같아서 ______________지 않으려고 조용히 밖으로 나왔다.

2) 매주 수요일에는 관객들에게 공연 표를 50% 싸게 살 수 있는 ______________ㄴ다/는다.

3) 식물에 벌레가 생기지 않게 하려고 농약을 사용하는 일이 많은데, 이러한 농약 때문에 오히려 식물이 ______________는 일도 많다고 한다.

4) 밤에 창문으로 밝은 빛이 들어오면 잠을 자는 데 ______________(으)ㄹ 수밖에 없다.

5) 최근 문제가 되고 있는 미세 먼지에는 우리의 건강에 ______________는 화학 물질이 들어 있다고 한다.

-더라도

1. 다음을 연결하여 한 문장으로 만드십시오.

1) 다른 사람들이 뭐라고 하다 •	• 오래 사용할 수 있는 물건을 사는 게 좋다
2) 고향에 돌아가다 •	• 지키지 않으면 의미가 없다
3) 물건 값이 조금 비싸다 •	• 내가 원하는 인생을 살 것이다
4) 화가 많이 나다 •	• 나쁜 말을 하면 안 되다
5) 이번 대회에서 메달을 못 따다 •	• 한국어 공부를 계속 열심히 하겠다
6) 계획을 잘 세웠다 •	• 다음에 기회가 있으니까 실망하지 않을 것이다

1) 다른 사람들이 뭐라고 하더라도 내가 원하는 인생을 살 거예요.

2) ______________________________.

3) ______________________________.

4) ______________________________.

5) ______________________________.

6) ______________________________.

2. 보기 와 같이 대화를 완성하십시오.

보기

가: 드라마가 너무 재미있어서 숙제하는 걸 깜박 잊었어요.

나: 드라마가 재미있더라도 숙제하는 걸 잊어버리면 안 되지요.

1) 가: 다른 나라 친구들과 문화가 달라서 힘들어요.

나: ______________________________ 이해하려고 노력해 보세요.

2) 가: 어제 가벼운 교통사고가 있었는데 특별히 다친 데가 없어서 병원에는 안 갔어요.

나: ______________________________ 병원에 한번 가 보지 그래요?

3) 가: 저는 어제도 피자를 먹었어요. 그래서 오늘은 별로 안 먹고 싶어요.

나: ______________________________ 이리나 씨를 위해서 만든 거니까 조금만 먹어 보세요.

4) 가: 매일 영양제를 챙겨 먹는 게 너무 귀찮아요.

나: ______________________________.

5) 가: 남자 친구한테 생일 선물을 받았는데 마음에 안 들어요.

나: ______________________________.

-ㄴ다든가/는다든가/다든가

1. 보기 에서 알맞은 내용을 골라 문장을 완성하십시오.

보기

~~떡국을 먹다~~	배탈이 났다
빨간색으로 이름을 쓰다	사이즈가 안 맞다
마음에 안 들다	~~윷놀이를 하다~~
감기에 걸렸다	업무 능력이 훌륭하다
외국어 실력이 뛰어나다	시험 날 미역국을 먹다
쩝쩝 소리를 내다	입안에 음식을 넣은 채로 말하다

1) 한국에서는 설날에 **떡국을 먹는다든가 윷놀이를 한다든가** 하면서 시간을 보낸다.

2) 밥을 먹을 때 ______________________________ 하는 행동은 다른 사람을 불쾌하게 할 수 있다.

3) 회사에서는 ______________________________ 하는 사람이 인정을 받기 마련이다.

4) 옷을 산 후에 ____________________ 하면 일주일 안에 교환이나 환불이 가능하다.

5) 한국 사람들 중에는 ____________________ 하는 것은 좋지 않다고 생각하는 사람이 많다.

6) 고향에서 약을 챙겨 와서 ____________________ 할 때 먹는다.

2. 보기 와 같이 대화를 완성하십시오.

보기

가: 대학 생활을 시작하기 전에 뭘 준비하면 좋아요?

나: **외국어를 배운다든가 전공에 대해 더 알아본다든가** 하면 좋을 것 같아요.

1) 가: 수업 시간에 졸릴 때 어떻게 하면 잠을 깰 수 있어요?

나: ____________________ 해 보세요.

2) 가: ○○ 씨는 긴장했을 때 어떻게 긴장을 풀어요?

나: ____________________ 해요.

3) 가: 수업 분위기가 너무 조용한데 좀 재미있게 수업할 수 있는 방법이 없을까요?

나: ____________________ 하는 게 어때요?

4) 가: 환경 문제를 해결하기 위해서 우리가 할 수 있는 일은 뭐가 있나요?

나: ____________________ 하면 어떨까요?

5) 가: 로봇은 할 수 없고 사람만 할 수 있는 일은 뭐가 있어요?

나: ____________________ 하는 일들이 있어요.

어휘·표현 2

1. 보기 에서 알맞은 어휘를 골라 문장을 완성하십시오.

보기				
성장	창의력	선입견	영양소	놀라움

1) 건강을 위해서 ________________이/가 골고루 들어 있는 음식을 먹는 것이 좋다.

2) 박지훈 선수는 10대 때부터 성인만큼 뛰어난 수영 실력으로 여러 사람들에게 ________________을/를 주었다.

3) 대부분의 나무는 꽃이 피기 전까지 빠르게 자라다가 꽃이 핀 다음부터 ________________이/가 느려진다.

4) 남성 간호사 이민호 씨는 일을 시작했을 때 간호사가 여성의 직업이라는 ________________ 때문에 힘들었다고 말했다.

5) 최근의 초등학교 수업은 지식을 외우는 것보다 학생의 ________________을/를 높여 주는 수업으로 바뀌고 있다.

2. 보기 에서 알맞은 어휘를 골라 문장을 완성하십시오.

보기				
파괴되다	모방하다	나아가다	구별되다	헤엄치다

1) 아이는 어른이 하는 행동을 그대로 ________________기 때문에 어른들은 아이 앞에서 말과 행동을 조심해야 한다.

2) 인간이 동물과 ________________는 중요한 점은 동물과 달리 언어를 사용해서 의사소통한다는 것이다.

3) 요즘의 겨울 날씨는 너무 추워서 물고기들도 물속에서 ________________다가 놀랄 정도라고 한다.

4) 목표를 정해서 한 걸음씩 앞으로 ________________다가 보면 그 목표를 이룰 수 있을 것이다.

5) 한국은 그동안 지나친 산업 발달로 인해 환경이 많이 ________________았다/었다.

-(으)ㄹ 뿐이다

1. 보기 에서 알맞은 어휘를 골라 대화를 완성하십시오.

보기

~~기쁘다~~ 서운하다 감사하다 답답하다 죄송하다 안타깝다

1) 가: 투안 씨, 이번에 4급 전체 학생 중에서 1등을 했다면서요? 축하해요.

나: 고마워요. 노력한 만큼 좋은 결과를 얻어서 **기쁠 뿐이에요.**

2) 가: 비행기 점검 때문에 출발이 지연됐다면서요?

나: 네, 두 시간 동안 기다리고 있는데 언제 출발할지 몰라서 ________________.

3) 가: 오랫동안 준비하신 콘서트가 태풍 때문에 취소됐다고 들었습니다.

나: 네, 제 콘서트를 기다려 준 팬들에게 ________________.

4) 가: 동생이 다음 달에 유학을 간다면서요? 기분이 어때요?

나: 앞으로 오랫동안 못 본다고 생각하니까 ________________.

5) 가: 뉴스에서 봤는데 장설 씨 고향에서 큰 지진이 났대요.

나: 저도 봤어요. 피해가 심한 것 같아서 ________________.

6) 가: 박지훈 선수, 어제 경기에서 은메달을 차지한 소감 한 말씀 해 주십시오.

나: 항상 응원해 주시는 국민 여러분께 ________________.

2. 보기 에서 알맞은 내용을 골라 대화를 완성하십시오.

보기

~~얼굴만 알다~~	발목만 조금 부었다	멀리서 지켜보다
가끔 전화만 하다	배운 것을 적어 놓았다	미국에서 태어났다

1) 가: 아까 1층에서 인사한 사람 몇 급에서 공부하는 학생이에요?

나: 저도 몰라요. 친구의 친구라서 **얼굴만 알 뿐이에요.**

2) 가: 윤아 씨, 미국에서 살았다면서요? 영어 잘하겠어요.

나: 다섯 살 때 한국에 와서 잘 못해요. 그냥 ____________________.

3) 가: 이리나 씨 친구가 유명한 디자이너라면서요? 그 친구하고 자주 만나요?

나: 자주 만나기는요. 친구가 너무 바빠서 ____________________.

4) 가: 투안 씨는 좋아하는 사람이 생기면 고백하나요?

나: 용기가 없어서 잘 못 해요. 보통은 그냥 ____________________.

5) 가: 어제 학교에 오다가 넘어졌다면서요? 괜찮아요?

나: 별로 다치지 않았어요. ____________________.

6) 가: 수첩에 단어가 많네요. 이 단어들을 다 외웠어요?

나: 외우기는요. 그냥 ____________________.

(이)란 ~을/를 말한다

1. 다음을 연결하여 한 문장으로 만드십시오.

1) 순발력 •	• 같은 분야에서 서로 경쟁하는 사람
2) 라이벌 •	• 팀을 이루는 사람들이 서로 돕는 것
3) 팀워크 •	• 움직이는 에너지를 전기로부터 얻는 자동차
4) 재활용 •	• 순간적으로 생각해서 말하거나 행동하는 능력
5) 설문 조사 •	• 쓰고 버리는 물건을 다른 데에 다시 사용하는 것
6) 전기 자동차 •	• 어떤 사실을 알기 위해 여러 사람에게 질문해서 조사하는 것

1) 순발력이란 순간적으로 생각해서 말하거나 행동하는 능력을 말한다.

2) ____________________.

3) ____________________.

4) ______________________________.

5) ______________________________.

6) ______________________________.

2. 보기 와 같이 대화를 완성하십시오.

보기

가: 뉴스에서 생활 체육이라는 말을 들었는데 그게 뭐예요?

나: 생활 체육이란 일반인들이 건강을 위해서 부담 없이 즐기는 운동을 말해요.

1) 가: 식당에서 '일회용품 사용을 줄입시다'라는 말을 봤는데 일회용품이 뭐예요?

나: ______________________________.

2) 가: 신문에서 첨단 과학이라는 말을 봤는데 그게 뭐예요?

나: ______________________________.

3) 가: 요즘 자율 주행 자동차에 대한 관심이 높다고 하던데 그게 뭔지 알아요?

나: ______________________________.

4) 가: 뉴스에서 인공 지능이라는 말을 들었는데 인공 지능이 뭐예요?

나: ______________________________.

5) 가: 우리나라가 이제 고령 사회가 됐다고 하던데 그게 무슨 말이에요?

나: ______________________________.

듣고 말하기

1. 잘 듣고 문장을 완성하십시오.

1) 15-1

여자 식물에는 전자파 차단 효과가 없어. 정말로 식물이 전자파를 막아 준다면 (①). 그럼 전자 제품인 컴퓨터를 어떻게 사용해?

남자 아니, 뭐 그래도 선인장이 건강에 나쁜 전자파를 조금이라도 막아 주지 않겠어?

여자 글쎄, 그런데 (②) 근거는 있어?

남자 텔레비전에서 보니까 전자파 때문에 (③) 하는 일도 많다고 하던데. 그래서 나는 이렇게 휴대폰에다가 전자파 차단 스티커도 붙였어.

여자 컴퓨터나 휴대폰 같은 전자 제품에서 전자파가 나오는 건 사실이지만 (④) 강한 건 아니야. 그러니까 그런 스티커는 붙이나 마나야.

2) 15-2

교수 네, 그렇게 생각하는 분들이 많지요. 그런데 이것은 (①). 사실 전자레인지로 데운 음식은 온도가 100도 이상으로 올라가지 않기 때문에 (②). 오히려 가스레인지로 요리하다가 음식이 타면 더 위험할 수 있습니다.

진행자 그렇군요. (③). 다음은 0215 님의 질문입니다. "저는 매일 저희 집에 있는 식물들을 보면서 사랑한다든가 예쁘다든가 하는 말을 해요. (④) 잘 자란다고 해서요. 그런데 이게 정말 효과가 있나요?" 교수님, 이 말이 맞습니까?

읽고 말하기

1. 다음을 읽고 [보기] 의 문장이 들어가기에 알맞은 곳을 고르십시오. ( )

수영할 때 물속에서 빠르게 앞으로 나아가려면 피부가 물 때문에 받는 방해를 최소화해야 한다. (㉠)

상어는 바다에서 시속 50km 이상으로 헤엄칠 수 있는데, 이렇게 물속에서 빠르게 나아갈 수 있는 것은 특별한 모양을 한 상어의 피부 덕분이다. (㉡) 이 수영복은 물이 선수의 몸을 따라 미끄러지듯이 흐르도록 도와주기 때문에 수영 중에 물로 인한 방해가 줄어든다. (㉢) 그래서 이것을 입고 수영하면 놀라울 정도로 속도가 빨라진다. (㉣) 실제로 이 수영복을 입은 선수들은 "몸이 로켓처럼 빨라지는 느낌이었다."라고 하면서 놀라움을 표현했다고 한다.

보기

이러한 상어의 피부를 모방해서 수영할 때 속도를 높여 줄 수 있는 전신 수영복을 만든다.

2. 다음을 읽고 ㉠~㉥에 알맞은 것을 쓰십시오.

서울특별시가 2월 16일부터 19일까지 4일 동안 세종 문화 회관 등 3개 장소에서 제9회 서울과학축제를 연다. 이번 축제는 16일 저녁, 서울 광장의 과학 마술 공연으로 시작된다. 세종 문화 회관에서는 여러 가지 체험 행사가 열린다. 실내 행사장에서 인공 지능 로봇과 3D 프린터를 직접 이용해 볼 수 있고, 롤러코스터를 실제처럼 체험할 수 있는 가상 현실 체험 프로그램도 있다. 바로 앞의 광화문 광장에서는 야외 행사가 열린다. 최근 주목받는 자율 주행 자동차를 타 볼 수 있으며 미래 식량으로 개발된 다양한 식품을 시식해 볼 수도 있다. 서울 광장에는 무대 공연들이 준비되어 있다. 과학 마술 공연과 온라인 게임의 주인공들이 출연하는 뮤지컬을 관람할 수 있다.

제9회 서울과학축제

일시 (㉠)
장소 세종 문화 회관, 광화문 광장, 서울 광장
주최 서울특별시

| 프로그램 |

- **체험 행사** (㉡)
  인공 지능 로봇, 3D 프린터, 가상 현실 체험
- (㉢) (광화문 광장)
  (㉣), 미래 식량 시식
- (㉤) (서울 광장)
  (㉥), 온라인 게임 뮤지컬

㉠

㉡

㉢

㉣

㉤

㉥

16과 추억과 그리움

어휘 · 표현 1

1. 보기 에서 알맞은 어휘를 골라 문장을 완성하십시오.

보기

반짝거리다	아른거리다	걸리적거리다
가물거리다	두근거리다	꾸물거리다

1) 시골의 밤하늘은 도시와 다르게 수많은 별들로 ______________ ㄴ다/는다.

2) 이사를 도와주지 않을 거라면 옆에서 ______________지 말고 집에 가는 게 더 낫다.

3) 나이가 들어서 그런지 요즘은 며칠 전에 한 말조차 생각이 나지 않고 ______________ ㄴ다/는다.

4) 기차 시간이 얼마 남지 않아서 빨리 서둘러야 하는데 동생이 ______________아서/어서 짜증이 났다.

5) 첫사랑에 대한 영화를 보고 나서 고등학교 때 좋아했던 오빠의 얼굴이 자꾸 ______________ ㄴ다/는다.

6) 처음 연애할 때가 생각난다. 그때는 남자 친구가 옆에만 와도 가슴이 ______________았던/었던 것 같다.

2. 보기 에서 알맞은 어휘를 골라 다음 글을 완성하십시오.

보기

울보	겁쟁이	문제아	엉뚱하다	용감하다

저는 어렸을 때 뭐든지 무서워하는 __________았어요/었어요. 얼마나 겁이 많았는지 몰라요. 집에 혼자 있거나 밖에서 작은 소리만 나도 울고 말았어요. 그래서 제 동생은 저를 __________(이)라고 불렀어요. 제 동생은 저하고 다르게 무서운 것 없이 __________았거든요/었거든요. 그리고 제 동생은 남들과 달리 __________(으)ㄴ 생각이나 행동을 하곤 했어요. 한번은 하늘을 날 수 있다고 나무에서 뛰어내려서 크게 다친 적도 있지요. 그래서 저희 부모님은 제 동생에게 항상 __________(이)라고 농담처럼 말하셨어요.

–았던/었던 것 같다

1. 보기 에서 알맞은 표현을 골라 문장을 완성하십시오.

보기					
~~도움이 되다~~	춥다	힘들다	다르다	명동이다	마음이 따뜻하다

1) 1급 때 한국어로 하는 발표가 힘들긴 했는데 한국어 실력에 **도움이 됐던 것 같아요.**

2) 작년 겨울도 추웠지만 처음 한국에 왔을 때가 가장 ______________________.

3) 한국에서 몸이 아픈데 집에 가도 아무도 없을 때 가장 ______________________.

4) 할머니는 제가 어렸을 때 돌아가셔서 기억은 잘 안 나지만 참 ______________________.

5) 태국 여행을 생각하면 다른 것보다 음식 문화가 우리 나라와 많이 ______________________.

6) 한국에서 친구를 따라 처음 갔던 곳에 옷 가게가 많았는데 거기가 ______________________.

2. 보기 와 같이 대화를 완성하십시오.

> 보기
>
> 가: 이 음악 어때요? 이번에 새로 나온 노래인데 참 좋네요.
>
> 나: 새로 나온 노래예요? **저는 전에 들어 봤던 것 같아요.**

1) 가: 한국에 처음 왔을 때 살았던 곳은 어땠어요?

나: 학교 기숙사에서 살았는데 ______________________.

2) 가: 초등학교 1학년 때 선생님 기억나요? 어떤 분이셨어요?

나: 옛날이라서 잘 기억나지 않지만 ______________________.

3) 가: 전에 통역 아르바이트를 했다고 했지요? 어땠어요?

나: 2년 전에 잠깐 했었는데 ______________________.

4) 가: 어렸을 때 뭘 좋아했어요?

나: 다른 나라에 관심이 많아서 ______________________.

5) 가: 이 영화 봤다고 했지요? 어땠어요?

나: 오래전에 봐서 기억이 안 나는데 ______________________.

조차, -기조차

1. 보기 에서 알맞은 표현을 골라 다음 글을 완성하십시오.

보기

~~세수~~　　문자　　시간　　주말　　밥 먹기　　눈 뜨기

어제도 야근을 하고 밤늦게 들어왔는데 오늘도 아침 일찍 출근을 해야 해서 __세수__ 조차 제대로 못 하고 회사에 갔다. 출근하자마자 일을 하느라고 커피 한 잔 마실 ____________조차 없었는데 점점 더 바빠져서 점심시간에는 ____________조차 힘들었다. 동창회 때문에 연락하기로 한 친구한테 ____________조차 못 보내서 미안해하고 있는데 부장님이 내일도 회사에 나오라고 하셨다. ____________에조차 쉬지 못한다는 말에 이 회사에 다녀야 할지 말아야 할지 고민이 되었다. 늦은 밤 퇴근하는 버스에서는 피곤해서 __________조차 힘들었다.

2. 보기 와 같이 대화를 완성하십시오.

보기

가: 한국에서 1년 동안 살았으니까 한국말을 잘 하겠네요.

나: 잘하기는요. 가끔 __1급 문법조차 생각이 안 나는걸요.__

1) 가: 왜 이렇게 힘이 없어 보여요? 아침은 먹었어요? (물)

나: 늦게 일어나서 ____.

2) 가: 반 친구들은 어때요? 좀 친해졌어요? (인사)

나: 다들 소극적이어서 그런지 친해지기는커녕 ________________________.

3) 가: 마키 씨, 바트 씨랑 사이가 많이 안 좋은가 봐요. (같이 있다)

나: 네, 지난번에 심하게 싸우고 나서 ______________________________.

4) 가: 어머, 비가 너무 많이 오네요. 차를 회사에 두고 가야겠어요. (앞을 보다)

나: 그러는 게 좋을 것 같아요. 비가 너무 많이 와서 ____________________.

5) 가: 미영 씨가 이번에 집을 샀다고 하네요. 윤아 씨는 집 살 계획 없어요? (월세 내다)

나: 집을 사기는커녕 ____.

어휘 · 표현 2

1. 보기 에서 알맞은 어휘를 골라 문장을 완성하십시오.

보기

가리다　　놀리다　　올려놓다　　생생하다　　그리워지다

1) 이 소포를 중국으로 보내실 건가요? 그럼 저울 위에 ________________(으)세요.

2) 우리 가족들은 제가 작은 일에도 자주 우니까 저를 보고 울보라고 ________________곤 했어요.

3) 가족들과 처음 갔던 여행은 벌써 5년이나 지났는데도 어제 일처럼 ________________아요/어요.

4) 단짝이었던 친구가 유학을 갔는데 친구와의 추억이 떠오를 때마다 너무 ________________아요/어요.

5) 저도 전에는 처음 보는 사람에게 말도 못하고 낯을 심하게 ________________았는데/었는데 이제는 누구한테든지 말을 잘 걸어요.

2. 보기 에서 알맞은 어휘를 골라 다음 글을 완성하십시오.

보기

단짝　　세월　　잠기다　　시집가다　　이런저런

오랜만에 초등학교 동창회가 열려서 보고 싶었던 옛 친구들을 만났다. 옛날과 다르지 않을 거라고 생각했는데 ________________이/가 흘러서 그런지 만나고 보니 다들 많이 변했다. 특히 항상 붙어 다녔던 ________________ 친구가 너무 많이 변해서 못 알아볼 뻔했다. 나처럼 결혼하지 않은 친구들도 있었지만 많은 친구들이 ________________아서/어서 아이를 데리고 나온 것도 신기했다. 오랜만에 친구들과 예전의 ________________ 이야기를 나누다 보니 추억에 ________________(으)ㄹ 수 있어서 좋았다.

-는/(은)ㄴ 척하다

1. 문장을 완성하십시오.

1) 내 친구는 돈이 없는데도 사람들 앞에서 항상 돈이 **많은 척했다.**

2) 친구가 해 준 이야기가 재미없었지만 너무 신나게 이야기하길래 ____________.

3) 지하철에서 할머니가 내 앞에 서 계셨는데 너무 피곤해서 그냥 ____________.

4) 한 시간 전에 도착했지만 친구가 미안해할까 봐 조금 전에 ____________.

5) 부산에 안 가 봤는데 다른 친구들이 모두 가 봤다고 해서 나도 ____________.

6) 대학교를 졸업했지만 재학생들에게만 할인 혜택이 있다고 해서 ____________.

2. 보기 와 같이 대화를 완성하십시오.

보기

가: 오늘 모임이 있다고 했잖아. 왜 안 갔어?

나: 별로 중요한 모임이 아니라서 그냥 **아픈 척하**고 안 갔어.

1) 가: 알렉세이 씨가 만들어 준 음식 맛있었어요?

나: 그냥 그랬는데 ____________았어요/었어요.

2) 가: 미안해요. 저도 가고 싶은데 할 일이 많아서 못 갈 것 같아요.

나: ____________지 마세요. 다음 주부터 방학이잖아요. 같이 가요.

3) 가: 이리나 씨는 회사에서 별로 일을 하지 않는 것 같아요.

나: 맞아요. 아까 보니까 ____________(으)면서 인터넷 쇼핑을 하더라고요.

4) 가: 바트 씨가 발표하는 내용을 이해했어요? 저는 이해가 안 되던데요.

나: 저도 모르겠는데 ____________(으)면서 그냥 들었어요.

5) 가: 이민호 씨가 오래전부터 사귄 여자 친구가 있대요. 알았어요?

나: 그래요? ____________아서/어서 소개팅을 시켜 주려고 했는데요.

-던 때가 엊그제 같은데

1. 다음을 연결하여 한 문장으로 만드십시오.

1) 우리가 같이 놀다 •	• 벌써 부모가 되었다
2) 한국에서 유학하다 •	• 피아노 대회에서 상을 받았다
3) 매운 음식을 못 먹다 •	• 고향에 돌아온 지 5년이나 지났다
4) 처음 피아노를 배웠다 •	• 이제 매운 음식이 없으면 밥을 못 먹는다
5) 우리가 처음 인사했다 •	• 계약 기간이 끝나서 다른 곳으로 이사를 간다
6) 이 집으로 이사를 했다 •	• 지금은 어디든지 같이 다니는 사이가 되었다

1) **우리가 같이 놀던 때가 엊그제 같은데 벌써 부모가 되었다.**

2) ______________________.

3) ______________________.

4) ______________________.

5) ______________________.

6) ______________________.

2. 보기 와 같이 대화를 완성하십시오.

보기

가: 오늘이 수료식이네요. 다들 5급에서도 열심히 공부하세요.

나: 처음 만나서 한동안 **이름도 모르던 때가 엊그제 같은데** 학기가 빨리 끝난 것 같아요.

1) 가: 세월이 정말 빨라요. 우리가 대학교를 졸업한 지 10년이나 지났어요. (같이 공부하다)

나: 대학교에서 ______________________ 벌써 그렇게 됐군요.

2) 가: 제프리 씨, 아이가 초등학교에 입학하니까 기분이 어때요? (걷지도 못하다)

나: ______________________ 벌써 초등학생이라니 시간이 참 빨라요.

3) 가: 우리가 벌써 4급이에요. ('가나다'를 배웠다)

나: 그러게요. 처음에 ________________________ 시간이 참 빨라요.

4) 가: 결혼 20주년 축하드립니다. 두 분은 대학교 때부터 만나신 거지요? (처음 만났다)

나: 우리가 ________________________ 그게 벌써 23년 전이에요.

5) 가: 다음 주에 벌써 개강을 하네요. 방학 때는 시간이 참 빨리 가요. (방학했다)

나: 그렇지요? ________________________ 벌써 개강이라니 생각만 해도 우울해요.

듣고 말하기

1. 잘 듣고 문장을 완성하십시오.

1) 16-1

대학 입시 준비로 힘들 때였지만 단짝 친구인 영미가 있어서 하루하루가 (①). 등굣길이며 밥을 먹을 때며 (②) 우리는 함께였지요. 둘이 이야기를 시작하면 (③). 선생님들도 우리가 하도 붙어 다니니까 나중에 어떻게 시집갈 거냐면서 놀리셨지요. 그랬던 친구인데 대학교에 입학해서 (④) 연락이 끊겼네요.

2) 16-2

이지수 넌 어떻게 지내? 결혼했어? 고등학교 때는 맨날 일찍 결혼하고 싶다고 했잖아.

김영미 결혼은 무슨. (①).

이지수 세상일이 (②). 요즘 연락하는 친구들은 있어?

김영미 너하고도 연락이 안 됐는데 누구하고 연락을 하겠니? 아, 근데 얼마 전에 마트에서 우연히 박정우 선생님을 봤어.

이지수 어머, 선생님께 인사드렸어?

김영미 아니, 인사드리기가 어색해서 그냥 (③).

이지수 인사드리지 그랬어. 그 선생님이 너의 첫사랑이었잖아. 선생님을 볼 때 너의 눈빛이 (④). 선생님 책상 위에 몰래 꽃도 가져다 놓고 커피도 올려놓고.

읽고 쓰기

1. 다음을 읽고 ㉠~㉣에 알맞은 것을 (보기) 에서 찾아 쓰십시오.

보기

바람을 쐬다　　　걱정이 쌓이다　　　몸으로 느끼다　　　솔직하게 말하다

____㉠____(으)면 유학 생활의 시작은 그렇게 좋은 것은 아니었다. 아는 사람도 거의 없었고 한국말도 잘 못해서 ____㉡____아/어 갔다. 어디 다니는 것도 혼자서는 못 했고 무엇보다 친구가 없었기 때문에 유학을 시작하고 한동안은 재미가 없었던 것 같다. 그런데 한국어교육센터에서 공부하면서 한국어 실력도 늘고 친구도 많이 생겼다. 매일 외국 친구들과 같이 밥도 먹고 숙제도 하고 ____㉢____(으)러 여기저기에 다니면서 '난 지금 유학 생활을 하고 있구나.'라고 ____㉣____았다/었다.

㉠________________　　㉡________________

㉢________________　　㉣________________

2. 다음을 읽고 (보기) 의 문장이 들어가기에 알맞은 곳을 고르십시오. (　　)

한국에서 유학하던 때가 엊그제 같은데 나는 지금 일본에서 유치원 선생님으로 일하고 있다. (㉠) 그렇지만 나의 마음속에는 한국에서의 추억이 생생하게 남아 있다. (㉡) 한국에서 만난 외국 친구들과는 요즘도 연락해서 이런저런 이야기를 나누고 있고 한국에 여행을 갈 때면 그 친구들과 만나서 즐거운 시간을 보내기도 한다. (㉢) 나는 전보다 밝아졌고 유학 가기 전까지 가지고 있었던 고정 관념과 편견은 완전히 사라졌다. (㉣) 일본과 한국은 가까운 거리에 있어서 음식이나 문화 등이 같을 거라고 생각했지만 내가 경험한 한국은 내 생각과 달랐다.

보기

한국에서의 유학은 우물 안 개구리였던 나에게 많은 변화를 가져다줬다.

종합 문제 (09~16과)

어휘 · 표현

1. 다음 (보기) 에서 알맞은 단어를 골라 빈칸에 쓰십시오.

보기

대기 오염	범인	버릇	첨단
피해자	경기력	줄거리	
정신력	모범생	동식물	

1) 요즘 미세 먼지나 공장 매연 등으로 인해 ___________ 이/가 심각해지고 있다.

2) 요즘 ___________ 기술을 이용하여 만든 전자 제품은 우리 생활을 편리하게 해 주고 있다.

3) 소리를 내면서 음식을 먹는 ___________은/는 빨리 고치는 것이 좋다.

4) 지난 주말에 도둑을 맞았는데 집 앞에 무인 감시 카메라가 설치되어 있어서 ___________을/를 빨리 잡을 수 있었다.

5) 경기 중에 부상을 당했지만 경기를 끝까지 포기하지 않은 김영민 선수의 모습을 보고 ___________이/가 대단하다고 생각했다.

6) 운전을 하다가 실수로 앞에 있는 차를 들이받았다. 그래서 앞에 있는 차에 타고 있던 ___________에게 자동차 수리비와 병원비를 보상해 주었다.

7) 환경 오염으로 인해 많은 ___________이/가 죽거나 병들고 있어 문제가 되고 있다.

8) 요즘 나오는 드라마는 ___________이/가 뻔해서 재미없다.

9) 우리 학교는 ___________이/가 뛰어난 선수들 덕분에 축구 대회에서 우승을 차지했다.

10) 윤아는 학교 다닐 때 공부도 잘했을 뿐만 아니라 지각도 한번 하지 않은 ___________였다/이었다.

2. 다음 (보기) 에서 알맞은 어휘를 골라 빈칸에 쓰십시오.

보기

시들다	열중하다	쫓아가다	실종되다
의존하다	떠다니다	분리하다	
북적거리다	뒤떨어지다	가물거리다	

1) 한국어 말하기 실력이 다른 학생들보다 ___________ 아서/어서 날마다 배운 것을 반복해서 연습하고 있다.

2) 길에서 중학교 동창을 만나서 반갑게 인사를 하고 이야기도 했는데 이름이 ___________아서/어서 이름을 부르지 못해 미안했다.

3) 경기 중 넘어진 선수가 일어나더니 포기하지 않고 앞에 달리는 선수들을 ___________고 있다.

4) 환경을 보호하기 위해서는 재활용 쓰레기를 반드시 ___________아서/어서 버려야 한다.

5) 자연재해로 인해 수십 명이 사망하고 수백 명이 ___________아서/어서 찾을 수 없다고 한다.

6) 언니는 대학교를 졸업했는데도 아직까지 부모님께 ___________아서/어서 살고 있다.

7) 여행을 가느라고 화분의 나무를 돌보지 못해서 잎들이 거의 다 ___________아/어 버렸다.

8) 친구가 독서에 ______________고 있어서 내가 부르는 소리를 듣지 못했다.

9) 공장에서 나온 폐수 때문에 오염된 강물에 죽은 물고기들이 ______________고 있다.

10) 설날 전에는 장을 보러 온 사람들로 시장이 __________ ______________ㄴ다/는다.

3. 다음 문장을 읽고 ( )에 들어갈 알맞은 단어를 고르십시오.

1) ( )

두 사람은 주위에 있는 사람들에게 방해가 될까 봐 ( ) 이야기를 했다.

① 쩝쩝 ② 엉엉 ③ 꼬르륵 ④ 소곤소곤

2) ( )

윤아 씨가 어제 잠을 안 잤는지 ( ) 졸고 있다.

① 활짝 ② 느릿느릿 ③ 꾸벅꾸벅 ④ 헐레벌떡

3) ( )

친구가 잘못을 했는데도 사과하기는커녕 ( ) 나한테 화를 내더라고요.

① 막상 ② 오히려 ③ 차라리 ④ 수북이

4) ( )

생각하지 못했는데 명동에서 고등학교 동창을 ( ) 만나니까 아주 반가웠다.

① 몰래 ② 역시 ③ 마음껏 ④ 우연히

5) ( )

지난 주말에 발생했던 태풍으로 인해 수십 명이 목숨을 ( ).

① 탔다 ② 뗐다 ③ 쏟았다 ④ 잃었다

6) ( )

간토야 씨는 화려한 색으로 머리를 염색해서 눈에 ( ).

① 띄었다 ② 끼쳤다 ③ 뿌렸다 ④ 잠겼다

7) ( )

강아지를 기르면 정서적으로 안정되고 외로움을 ( ) 수 있어서 좋다.

① 생길 ② 달랠 ③ 지낼 ④ 보일

4. 다음 (보기) 에서 알맞은 표현을 골라 빈칸에 쓰십시오.

보기

굴뚝같다 다리를 놓다 발이 묶이다
손이 가다 귀가 가렵다 손에 땀을 쥐다
발등에 불이 떨어지다
둘이 먹다가 하나가 죽어도 모르다

1) ____________________

우리 부모님은 이모가 (   ) 결혼하셨다고 했다.

2) ____________________

제주도에 놀러 갔는데 돌아오는 날 태풍이 와서
공항에 (   ) 바람에 그다음 날 출근하지 못했다.

3) ____________________

유명한 맛집에 가서 음식을 먹었는데 정말 소문대로
(   ) 맛있었다.

4) ____________________

내일이 시험인데 전혀 준비를 하지 못했다. 지금부터
준비해야 하는데 (   ).

5) ____________________

100미터 달리기 결승에서 두 명의 선수가 서로 앞을
다투면서 달렸다. 경기를 보는 동안 계속 긴장했다.
정말 (   ) 하는 경기였다.

5. 다음 (보기) 에서 알맞은 속담을 골라 쓰십시오.

보기

갈수록 태산 금강산도 식후경
시작이 반이다 가는 날이 장날
말이 씨가 된다 남의 떡이 커 보인다
같은 값이면 다홍치마 고생 끝에 낙이 온다
믿는 도끼에 발등 찍힌다 호랑이도 제 말 하면 온다
개구리 올챙이 적 생각 못 한다
윗물이 맑아야 아랫물이 맑다
세 살 적 버릇 여든까지 간다
말 한마디에 천 냥 빚도 갚는다
낮말은 새가 듣고 밤말은 쥐가 듣는다

1) ____________________

가: 저 아이는 참 버릇이 없네요. 어른을 보고 인사도
안 하고 예의가 없는 것 같아요.
나: 그 아이 엄마도 똑같아요. 모른 척하면서 인사도
안 해요. 정말 예의 없는 사람이에요.

2) ______________________________

가: 요가를 배워 보고 싶은데 잘할 수 있을지 걱정돼요.
나: 걱정하지 말고 한번 시작해 보세요. 시작하는 게 중요한 거예요.

3) ______________________________

가: 이 가방을 살까? 저 가방을 살까? 가격이 같으니까 뭘 사야 할지 더 모르겠네.
나: 저 가방보다 이 가방이 가볍고 더 예쁜데.

4) ______________________________

가: 아무도 없는 줄 알고 친구한테 제 비밀 이야기를 했는데 밖에 있던 사람이 들었나 봐요.
나: 다른 사람한테 이야기할 때는 누가 들을지도 모르니까 조심해야 해요.

5) ______________________________

가: 민호 씨랑 화해했어요?
나: 네, 어제 만나서 진심으로 잘못했다고 사과하니까 민호 씨가 화를 풀더라고요.

6) ______________________________

가: 이번에 시험에 떨어져서 속상해.
나: 시험에 떨어질 것 같다고 계속 말하니까 그렇지. 다음부터는 그런 얘기는 하지 마.

7) ______________________________

가: 김지훈 씨가 이번에 우수 연기상을 받았다면서요?
나: 네, 오랫동안 영화나 드라마에서 작은 역할만 했잖아요. 힘들어도 열심히 하더니 결국 성공했네요.

8) ______________________________

가: 친구 생일 선물 사러 백화점에 간다고 하더니 뭐 샀어요?
나: 못 샀어요. 가니까 문을 닫았더라고요. 한 달에 한 번 쉬는데 어제가 쉬는 날이었대요.

문법

6. 빈칸에 알맞은 표현을 고르십시오.

1) (   )

가: 점심 식사 했어요?
나: 아니요, 점심_______ 아침밥도 못 먹었어요.

① 이란 ② 조차 ③ 은커녕 ④ 만으로는

2) (   )

가: 장핑 씨가 만든 음식이래요. 먹어 보세요.
나: 아, 그래요? 장핑 씨는 요리사니까 _________ 맛있을 거예요.

① 먹더니 ② 먹도록
③ 먹고 보니 ④ 먹으나 마나

3) (   )

가: 얼굴에 뭐가 났네요. 지난주에 봤을 때는 피부가 좋아 보였는데요.
나: 어제 너무 피곤해서 ___________ 잤더니 이렇게 됐어요.

① 화장한 만큼
② 화장을 한 채로
③ 화장을 할 게 아니라
④ 화장을 했던 때가 엊그제 같은데

4) (   )

가: 동창회에 마키 씨가 왔어요?
나: 잘 기억은 안 나는데 ___________.

① 오고 말았어요 ② 온 척했어요
③ 왔을 뿐이에요 ④ 왔던 것 같아요

5) (   )

가: 요즘 일이 많아서 커피를 하루에 5잔 정도 마셔요.
나: 그렇게 많이 ___________ 건강이 나빠질 거예요.

① 마시자면 ② 마시는지
③ 마시더라도 ④ 마시다가는

7. 알맞은 문법을 골라 문장을 완성하십시오. 문법은 한 번만 사용하십시오.

보기

만으로는	–고 말다
–던 때가 엊그제 같은데	–(으)ㄹ 뿐이다

1년 동안 같이 공부한 친구가 유학 생활을 마치고 고향에 돌아가게 되었다. 우리가 1)___________(처음 만났다) ___________ 벌써 1년이 지난 것이다. 나는 고향에서 한국어를 배우고 왔지만 2)___________ ___________(고향에서 배우다) 부족했다. 그리고 한국

생활에 필요한 정보도 많지 않아서 생활하는 데 어려움이 많았다. 하지만 이 친구는 내가 어려움을 겪을 때마다 도와주었다. 나를 도와준 이 친구가 3)__________(고맙다) ㄴ다/는다. 친구가 고향에 돌아가는 날 친구와 헤어지는 것이 아주 아쉬워서 공항에서 결국 4)__________(울다)았다/었다.

8. 보기 에서 알맞은 것을 골라 문장을 완성하십시오. 문법은 한 번만 사용하십시오.

보기

-길래 / -는/(으)ㄴ 척하다 / (이)나 다름없다
어찌나 -는지/(으)ㄴ지 / (이)란 ~을/를 말하다
-는/(으)ㄴ 법이다 / -(으)려야 -(으)ㄹ 수 없다

1) 가: 왜 이렇게 딸기를 많이 사 왔어요?

나: 오다가 보니까 ____________________

____________________.

2) 가: 강아지를 키운 지 오래됐어요?

나: 네, 같이 산 지 10년이 넘었어요. 그래서 지금은

____________________.

3) 가: 수영 대회에서 1등 하신 것을 축하드립니다. 기분이 어떠십니까?

나: ____________________

하늘을 나는 것 같아요. 전혀 기대하지 않았거든요.

4) 가: 제 빵보다 마키 씨 빵이 더 커 보이네요.

나: 같은 빵이에요. ____________________

____________________.

5) 가: 아까 버스 정류장에서 넘어졌을 때 안 아팠어요?

나: 아팠지만 창피해서 ____________________

____________________.

6) 가: 어제 보니까 화를 내던데 좀 참지 그랬어요?

나: 너무 화가 많이 나서 ____________________

____________________.

7) 가: 반려동물의 의미가 뭐예요?

나: ____________________

____________________.

9. 다음 문법을 사용하여 문장을 완성하십시오.

1) 가: 연락도 없이 왜 이렇게 늦었어요?

나: 미안해요. 지하철을 잘못 탔어요. __________고 보니

____________________.

2) 가: 빨리 방학을 했으면 좋겠어요. 이번 학기는 정말 힘들고 피곤하네요.

나: 저도 그래요. 그래서 방학을 __________도록

____________________.

3) 가: 올해 여름 날씨는 작년과 다르지요?

나: 맞아요. ________________________________더니

____.

4) 가: 다음 주에 발표가 있는데 발표 준비를 언제 다 할지 걱정이에요.

나: ___________________________ㄴ다고/는다고/다고

____.

5) 가: 오늘 왜 이렇게 길이 막혀요?

나: 글쎄요. ________________________는지/(으)ㄴ지

____.

6) 가: 한국 생활이 힘들지요?

나: ____

_________________________는걸요/(으)ㄴ걸요.

7) 가: 3월 초에 언 강물이나 호수에서 놀면 위험하겠지요?

나: ______________________________는/(으)ㄴ 만큼

____.

8) 가: 건강이 가장 중요한 것 같아요. 어떻게 하면 건강하게 살 수 있을까요?

나: ____________________자면 ________________

____.

9) 가: 그 영화 재미있었어요?

나: 네, 그 영화가 여간 ________________________지 않았어요.

10) 가: 내일이 발표인데 준비를 다 못 했어요. 밤을 새워야 할 것 같아요.

나: ____________________________________더라도

____.

10. 그림을 보고 문장을 완성하십시오.

보기

아버지가 **아이를 재워요.**

1)

엄마가 ____.

2)

마키 씨가 ____.

3)

아빠가 ____.

4)

마키 씨가 ____.

11. (보기) 와 같이 대화를 완성하십시오.

보기

가: 운동을 하면 건강해질 수 있겠지요?

나: **운동만으로는 건강해질 수 없어요.** 식습관도 바꿔야 해요.
(운동 / 건강해지다)

1)

가: 주말에 집에만 있으니까 심심해요.

나: ____

____.
(집 / 있다 / 산책 / 하다)

2)

가: ___________________________________

___________________________________.
(제프리 씨 / 전화 / 하다 / 바쁘다 / 전화 / 안 받다)

무슨 일 있어요?

나: 그래요? 저도 잘 모르겠어요.

3)

가: 돈도 없는데 왜 택시를 타려고 해요?

나: ___________________________________

___________________________________.
(버스하고 지하철 / 다 끊겼다 / 지금 / 택시 / 타다)

4)

가: 어떻게 하면 환경 문제를 해결할 수 있을까요?

나: ___________________________________

___________________________________.
(환경 문제 해결 / 우리의 실천)

5)

가: 집에 있을 때 뭐 해요?

나: ___________________________________

___________________________________.
(숙제 / 하다 / 음악 / 듣다)

6)

가: 요즘도 바빠요?

나: ___________________________________

___________________________________.
(너무 바쁘다 / 밥 먹을 시간 / 없다)

모범 답안

1과 꿈과 미래

어휘·표현 1

1. 1) 극복하고　　2) 권했다
   3) 훌륭했다　　4) 바라는
   5) 관련된
2. 적성에 / 흥미가 / 재능도 / 전망이 / 분야에서

-고자

1. 2) 반 친구들에게 우리 고향 문화를 소개하고자 고향의 명절에 대해서 발표했습니다
   3) 건강을 유지하고자 매일 1시간씩 수영을 하고 있습니다
   4) 전공과 관련된 일을 하고자 이 회사에 지원하게 되었습니다
   5) 여러 사람들과 좋은 책을 함께 읽고자 독서 동아리에 가입했습니다
   6) 우리 대학에 지원할 계획이 있는 학생들에게 정보를 주고자 입학 설명회를 열게 되었습니다
2. (예시 답안)
   1) 한국 대학교에 입학하고자 한국에 오게 되었습니다
   2) 생활이 어려운 사람들을 돕고자 봉사 활동을 하고 있습니다
   3) 경험을 쌓고자 아르바이트를 하고 있습니다
   4) 한국어능력시험에서 좋은 점수를 받고자 매일 쓰기 연습을 하고 있습니다
   5) 의사가 되고자 열심히 공부하고 있습니다

-는 대로

1. 2) 부모가 하는 대로
   3) 제가 하는 대로
   4) 지난번에 말씀하신 대로
   6) 생각대로
   7) 번호대로
   8) 설명대로
2. (예시 답안)
   1) 설명서에 나와 있는 대로 해 보세요
   2) 한국 드라마를 보면서 배우가 말하는 대로 따라 해 보세요
   3) 마키 씨가 말한 대로 정말 재미있었어요
   4) 네, 계획대로 고향에 돌아갈 거예요
   5) 출석부 순서대로 정하는 게 어때요?

어휘·표현 2

1. 1) 자유로워요　　2) 피하는
   3) 선택하는　　4) 새워야
   5) 포기하지
2. 재학 / 자격증을 / 활동도 / 무역 / 발전에

-았더라면/었더라면

1. 1) 어제 술을 많이 마시지 않았더라면 스마트폰을 잃어버리지 않았을 것이다
   2) 비행기 출발 시간을 잘 확인했더라면 비행기를 놓치지 않았을 것이다
   3) 수업 시간에 선생님 설명을 잘 들었더라면 시험을 잘 봤을 것이다
   4) 한국에 오지 않았더라면 우리 반 친구들을 만날 수 없었을 것이다
   5) 면접시험을 잘 보지 못했더라면 취직을 할 수 없었을 것이다
   6) 지난번 여행을 갔을 때 비가 오지 않았더라면 재미있게 놀았을 것이다
2. 1) 전화해 주지 않았더라면 오늘도 늦었을 거예요

2) 사람이 있었더라면 큰일 날 뻔했어요

3) 조금만 참았더라면 좋았을 텐데요

4) (예시 답안) 그걸 알았더라면 명동에 가지 않았을 텐데요

5) (예시 답안) 약속이 없었더라면 파티에 갔을 거예요

-(으)려다가

1. 2) 경영학과에 지원하려다가 흥미가 별로 없어서 영어학과로 바꿨어요

   3) 고백하려다가 용기가 안 나서 못 했어요

   4) 안 먹으려다가 이따가 시간이 없을 것 같아서 먹고 왔어요

   5) 책을 읽고 자려다가 피곤해서 그냥 잤어요

   6) 직접 만들려다가 힘들 것 같아서 시켜 먹기로 했어요

2. 1) 가지고 오려다가

   2) 사려다가

   3) 고향에 가려다가

   4) (예시 답안) 아니요, 등산하려다가 비가 올 것 같아서 말았어요

   5) (예시 답안) 먼저 가려다가 할 얘기가 있어서 기다리고 있었어요

듣고 말하기

1. 1) ① 만화책에서 본 대로

   ② 재능이 있는 줄

   ③ 대학교에 지원할 때

   ④ 제 고집대로

   2) ① 기대가 컸습니다

   ② 다양한 활동도

   ③ 제 재능이나 흥미를

   ④ 학교를 그만두고

   ⑤ 시간을 낭비하지 않았을 텐데요

   ⑥ 아무 전공이나 선택한 것이

읽고 말하기

1. ㉠ 교육 목표

   ㉡ 전공 특징

   ㉢ 교육 과정

   ㉣ 졸업 후 진로

2.

임부림

꿈: **한국어 교사**

대학 입학 후 달라진 점: **예전보다 자유롭다.**

후배들에게 하고 싶은 말:

미래를 위해 항상 노력하고 최선을 다했으면 좋겠다.

제레미아 아반토

꿈: **통역사**

대학 입학 후 달라진 점:

관심 분야에 대해 깊이 공부할 수 있다.

후배들에게 하고 싶은 말:

미래를 꿈꾸면서 즐겁게 지냈으면 좋겠다.

2과 대인 관계

어휘·표현 1

1. 1) 설득해서

   2) 격려해

   3) 충고했다

   4) 인정받아서

   5) 과로했더니

2. 겸손하게 행동하고 / 생각을 존중한다 / 진심으로 대한다 / 아픔에 공감해 / 마음을 표현하려고

-더니[1]

1. 2) 동생이 매일 밤에 햄버거를 먹더니 살이 많이 쪘다
   3) 형이 어렸을 때부터 영어를 잘하더니 영어 번역가가 되었다
   4) 마리 씨가 요리 학원에 다니더니 요리 실력이 늘었다
   5) 친구가 한국 드라마를 자주 보더니 한국어 표현을 많이 알게 됐다
   6) 압둘라 씨가 동아리에 들더니 친구가 많아졌다
2. (예시 답안)
   1) 일이 많다고 하더니 요즘도 바빠요?
   2) 방학 때 제주도에 갈 거라고 하더니 준비는 다 했어요?
   3) 마키 씨를 만날 거라고 하더니 잘 만났어요?
   4) 태권도를 배운다고 하더니 재미있어요?
   5) 주말에 이사한다고 하더니 이사는 잘 했어요?

(이)며 (이)며

1. (예시 답안)
   중국인이며 일본인이며 / 영어며 중국어며 / 떡볶이며 아이스크림이며
2. (예시 답안)
   1) 음료수며 과자며
   2) 과일이며 케이크며
   3) 자기소개서며 학업 계획서며
   4) 카드며 신분증이며
   5) 화장품이며 건강식품이며 없는 게 없어요
   6) 제프리 씨는 영국이며 베트남이며 안 가 본 곳이 없대요.

어휘·표현 2

1. 1) 위로를　　2) 지식을
   3) 면담　　4) 지능이
   5) 관련이
2. 1) 참석하지　　2) 실망시키고
   3) 제출해　　4) 풍부합니다
   5) 여쭤보는

-느니 차라리

1. 1) 친하지 않은 사람과 같이 밥을 먹느니 차라리 혼자 밥을 먹을래요
   2) 그 사람에게 사과하느니 차라리 앞으로 안 볼래요
   3) 일에 서투른 후배를 시키느니 차라리 내가 직접 할래요
   4) 다른 사람이 그 일을 알게 될까 봐 걱정하느니 차라리 내가 먼저 사실을 말할래요
   5) 하는 일도 없는데 노느니 차라리 청소할래요
   6) 많은 돈을 가지고 불안하게 사느니 차라리 적은 돈을 가지고 마음 편하게 살래요
2. 1) 먼저 연락하는 게 어때요?
   2) 회사를 그만두는 게 낫겠어요
   3) 떨어져도 지원이라도 해 보는 게 어때요?
   4) (예시 답안) 결혼을 안 하는 게 나을 것 같아요
   5) (예시 답안) 여행을 안 가는 게 낫겠어요

-기에는

1. 1) 혼자 살기에는 커요
   2) 혼자 들기에는 무겁네요
   3) 내가 풀기에는 어려울 것 같아
   4) (예시 답안) 마시기에는 뜨거워요
   5) (예시 답안) 아이들이 수영하기에는 위험해요
2. 1) 읽기에는
   2) 같이 타기에는

3) 사기에는

4) 맡기기에는

5) 이야기하기에는

6) 신기에는

듣고 말하기

1. 1) ① 힘든 일이 있는 사람을 위로할 때
② 조언을 하느니 차라리
③ 상황에 공감하는
④ 조언해 주거나 경험을 말해 주는 것도
2) ① '지능'에 대해 칭찬해 준 팀은
② '노력'에 대해 칭찬해 준 팀은
③ 실망시키고 싶지 않았나 봐
④ 노력한 과정에 대해

읽고 쓰기

1. ㉠ 메일의 중요한 내용을 간단히 적는
㉡ 듣는 과목과 전공, 학번, 이름을 씁니다
㉢ 감사의 마음을 표현합니다
㉣ 양해를 구합니다
㉤ 끝인사를 쓰고 이름을 씁니다
2. ㉠ 다름이 아니라
㉡ 교수님께서 가능하시다면
㉢ 그 시간에 맞추도록 하겠습니다
㉣ 바쁘신 중에

3과 함께 사는 삶

어휘·표현 1

1. 1) 조심스럽게 2) 부담스럽다
3) 걱정스럽게 4) 자랑스러웠다
5) 사랑스러워
2. 봉사하는 / 기부하는 / 결연해서 / 배려할 / 보람을 느낄

-다 보니

1. 1) 쉬지 않고 열심히 일하다 보니 건강이 나빠졌어요
2) 매운 음식을 자주 먹다 보니 잘 먹게 되었어요
3) (예시 답안) 한국 드라마를 자주 보다 보니 듣기 실력이 좋아졌어요
4) (예시 답안) 날마다 컴퓨터 게임을 하다 보니 시력이 나빠졌어요
5) (예시 답안) 책을 많이 읽다 보니 아는 것이 많아졌어요
6) (예시 답안) 날씨가 좋아서 저녁마다 산책하다 보니 살이 빠졌어요
2. (예시 답안)
1) 쉬는 시간마다 이야기하다 보니 친해졌어요
2) 날마다 연습하다 보니 잘 추게 되었어요
3) 한국에 와서 자주 요리하다 보니 실력이 늘던데요
4) 한국 노래를 좋아해서 자주 듣다 보니 외우게 되었어요
5) 계속 살다 보니 편하더라고요

-아/어 가면서

1. 2) 이 책에서 관련 정보를 찾아 가면서 발표를 준비해 보세요
3) 커피를 마셔 가면서 일하면 잠을 깰 거예요
4) 남자 친구와 이야기를 해 가면서 결혼 준비를 하세요
5) 회원들의 생각도 들어 가면서 동아리 일정을 정하도록 해요
6) 다른 사람들을 도와 가면서 살면 보람을 느낄 수 있습니다
2. (예시 답안)
1) 음식을 먹어 가면서 시험을 준비하세요
2) 인터넷에서 찾아 가면서 사용해 보세요
3) 중요한 내용을 써 가면서 듣는 게 어때요?
4) 취미 활동처럼 좋아하는 일을 해 가면서

5) 선생님이나 친구들에게 모르는 것을 물어 가면서 공부하면 좋아요.

어휘·표현 2

1. 1) 단장했다　　2) 지켜보면서
3) 머물렀다　　4) 초라한
5) 안타까운
2. 후원하기로 / 이웃을 / 미소 짓게 / 늘어난다면 / 세상이

-자

1. 2) 전화를 받자 어머니의 밝은 목소리가 들렸다
3) 한 아이가 울기 시작하자 다른 아이들도 따라 울었다
4) 어렸을 때 내 사진을 보여 주자 친구들이 큰 소리로 웃기 시작했다
5) 한국어능력시험 6급을 받게 되자 한국어에 대한 자신감이 더 커졌다
6) 동생에게 졸업 후 계획이 뭐냐고 묻자 지금 생각 중이라고 대답했다
2. 들어가자 / 보자 / 나누자 / 잡자

만 하다

1. 2) 쥐꼬리만 해서
3) 운동장만 해서
4) 모기 소리만 해서
5) 단춧구멍만 해요
6) 손바닥만 한데
2. 1) 제 키만 한데
2) 우리 교실 반만 한데
3) 고등학생만 해요
4) (예시 답안) 이 가방만 해요
5) (예시 답안) 이 책만 하던데요

듣고 말하기

1. 1) ① 가방을 열자
② 학비 때문에 어려움을 겪는
③ 가난해서 공부할 수 없었던
④ 따뜻한 사랑을 전하고 싶은
2) ① 마을에 머무르다가
② 보름 동안
③ 나눔을 실천하고
④ 후원도 많이 하시고요
⑤ 결연하다 보니

읽고 말하기 1

1. ㉠ 일시
㉡ 장소
㉢ 기부 물품
㉣ 기부 방법
2. ㉠ 구름 위를 걷는 기분
㉡ 백마 탄 왕자
㉢ 한 걸음, 두 걸음, 걸음이
㉣ 터벅터벅

4과 일상의 문제

어휘·표현 1

1. 1) 출발이 지연되었다
2) 짐이 분실되는
3) 온수가 안 나와서
4) 난방이 안 되어서
5) 결항이 되었다
2. 숙박하기로 / 따지면서 / 곤란한 / 보상해 / 제공하겠다고

-ㄴ다고/는다고/다고 했잖아요

1. 1) 환불이 된다고 하셨잖아요

2) 수리가 가능하다고 하셨잖아요

3) 2인분 가격이라고 하셨잖아요

4) 출발했다고 하셨잖아요

5) 직원이 집으로 와서 고쳐 주실 거라고 하셨잖아요

2. 2) 처음에 제가 물어봤을 때는 외국에서도 사용할 수 있다고 하셨잖아요

3) 전에는 음식이 달아야 사람들이 좋아한다고 했잖아

4) 아침에는 영화 시작 시간은 2시라고 했잖아

5) 어제는 다음부터 빨리 오겠다고 했잖아요

6) 지난번에는 고등학교 때 수학을 잘했다고 했잖아요

-는/(으)ㄴ 데다가

1. (예시 답안)

1) 가벼운 데다가

2) 화장품도 좋아하는 데다가

3) 친절한 데다가

4) 비도 오는 데다가

5) 할 일도 많은 데다가

2. (예시 답안)

1) 디자인도 예쁜 데다가 기능도 편리해서

2) 내용도 재미있는 데다가 배우의 연기도 뛰어나서

3) 경치도 아름다운 데다가 음식도 맛있어서

4) 숙제도 많은 데다가 비도 온다고 해서

5) 내일 시험이 있는 데다가 발표 준비도 해야 해서

6) 자기 이야기만 하는 데다가 다른 사람의 말도 잘 듣지 않아서

어휘·표현 2

1. 1) 점검해야겠다　　2) 뛰어와서

3) 늘리기　　4) 불쾌했다

5) 건의했다

2. 책임 / 분명히 / 만원 / 이미 / 최대한

-았어야/었어야 했는데

1. 1) 집에서 일찍 나왔어야 했는데

2) 제가 먼저 연락했어야 했는데

3) 치료를 받았어야 했는데

4) (예시 답안) 제가 참았어야 했는데

5) (예시 답안) 미리 말했어야 했는데

2. (예시 답안)

2) 두꺼운 옷을 챙겼어야 했는데……

3) 우산을 가져왔어야 했는데……

4) 도착하자마자 부모님께 연락을 드렸어야 했는데……

5) 가게에 좀 더 일찍 갔어야 했는데……

-고 해서

1. (예시 답안)

2) 시간도 늦고 해서

3) 책도 반납해야 하고 해서

4) 내일 휴일이고 해서

5) 향기도 좋고 해서

2. (예시 답안)

1) 동대문 시장이 가깝고 해서 자주 가요

2) 라면이 싸고 해서 자주 먹어요

3) 평소보다 일찍 일어나고 해서 걸어서 왔어요

4) 몸도 안 좋고 해서 일찍 갔어요

5) 내일부터 방학이고 해서 기분이 좋네요

듣고 말하기

1. 1) ① 출발이 지연되고

② 이용에 불편을 드려

2) ① 회의가 있는 데다가 중요한 약속도

② 회사 책임 아닌가요

③ 잘 점검했어야 했는데

3) ① 숙박하실 수 있도록

② 이용 가능한 식사권을

읽고 쓰기

1. ㉢

2.

흡연자에게
정해진 흡연 장소에서만 담배를 피우고 담배꽁초를 쓰레기통에 버렸으면 좋겠다.

학교에
흡연자들이 흡연 장소가 아닌 곳에서 흡연을 하지 못하도록 관리해 줬으면 좋겠다.

5과 생각의 차이

어휘·표현 1

1. 귀를 기울이다 / 다른 가치관을 인정하다 / 주장에 동의하다 / 생각을 강요하다 / 편견을 가지다 / 상대방을 비난하다
2. 주제에 / 찬성을 / 근거를 / 말다툼이 / 의견을

-ㄴ다고/는다고/다고 해서 -는/(으)ㄴ 것은 아니다

1. 1) 비싸다고 해서 다 품질이 좋은 것은 아니다
   2) 친구가 많다고 해서 다 외롭지 않은 것은 아니다
   3) 독감 예방 주사를 맞는다고 해서 다 감기에 걸리지 않는 것은 아니다
   4) 수업 시간에 설명을 들었다고 해서 다 알 수 있는 것은 아니다
   5) 젊은 사람이라고 해서 다 컴퓨터를 잘하는 것은 아니다
2. (예시 답안)
   1) 학교 성적이 좋다고 해서 다 금방 취직하는 것은 아니에요. 다양한 경험도 중요해요.
   2) 빨리한다고 해서 다 좋은 것은 아니에요. 정확하게 일을 해야 해요.
   3) 영어를 전공했다고 해서 다 영어를 잘하는 것은 아니에요. 잘 못하는 사람도 있어요.
   4) 남자라고 해서 다 쇼핑을 싫어하는 것은 아니에요. 쇼핑을 좋아하는 남자도 있어요.
   5) 한국 사람이라고 해서 다 김치를 담글 줄 아는 것은 아니에요. 김치를 담글 줄 모르는 사람도 많아요.

-는가/(으)ㄴ가 하면

1. 2) 찬성하는 사람이 있는가 하면 반대하는 사람도 있습니다
   3) 운동을 하는 사람이 있는가 하면 몸에 좋은 음식을 챙겨 먹는 사람도 있습니다
   4) 좋아하는 사람이 있는가 하면 사용하기 불편하다고 하는 사람도 있습니다
   5) 잘하는 것이 있는가 하면 못하는 것도 있어요
   6) 공부가 잘될 때가 있는가 하면 공부가 안될 때도 있어요
2. (예시 답안)
   1) 어떤 외국인들은 재미있어하는가 하면 어떤 외국인들은 힘들어합니다
   2) 어떤 학생들은 장점이 많다고 하는가 하면 어떤 학생들은 단점이 많다고 합니다
   3) 어떤 학생들은 성적이 좋은가 하면 어떤 학생들은 성적이 나쁩니다
   4) 어떤 유학생들은 운동을 하는가 하면 어떤 유학생들은 게임을 합니다
   5) 어떤 친구들은 기능을 중요하게 생각하는가 하면 어떤 친구들은 디자인을 중요하게 생각합니다

어휘·표현 2

1. 1) 중시하는　　2) 속여서

3) 뻔하다　　　4) 위하는

5) 둘러쌌다

2. 개개인의 / 사고방식을 / 갈등이 / 남과 / 설득력

대로

1. 1) 여름은 여름대로 겨울은 겨울대로

2) 워크북은 워크북대로 공책은 공책대로

3) 아들은 아들대로 딸은 딸대로

4) 그 사람은 그 사람대로

5) 부모님은 부모님대로

2. (예시 답안)

제주도는 제주도대로 산을 볼 수 있어서 좋고 부산은 부산대로 바다가 유명해서 좋아요

KTX는 KTX대로 빨라서 좋고 고속버스는 고속버스대로 저렴해서 좋아요

호텔은 호텔대로 편해서 좋고 게스트 하우스는 게스트 하우스대로 여러 사람들과 친해질 수 있어서 좋아요

해산물이 유명한데 회는 회대로 튀김은 튀김대로 맛있어요

혼자 하는 여행은 혼자 하는 여행대로 장점이 있고 할 만해요

-기 마련이다

1. 2) 서두르면 실수하기 마련이에요

3) 몸이 멀어지면 마음도 멀어지기 마련이에요

4) 착하게 살면 복을 받기 마련이에요

5) 노력하면 성공하기 마련이에요

6) 배가 고프면 화가 나기 마련이야

2. 1) 학생이면 시험을 싫어하기 마련이에요

2) 계속 듣다 보면 익숙해지기 마련이에요

3) 기대가 크면 실망도 크기 마련이에요

4) (예시 답안) 연애를 하면 예뻐지기 마련이에요

5) (예시 답안) 언어는 사용하지 않으면 잊어버리기 마련이에요

듣고 말하기

1. 1) ① 하얀 거짓말이라고

② 좋은 의도로

③ 남을 속이는

④ 그 사람을 위하는

⑤ 사람마다 생각이 다르겠지만

⑥ 누구든지 알 수 있는 뻔한 거짓말을

2) ① 실망이 더 클 것입니다

② 진심으로 그 사람을 위하는

③ 부분적으로 동의합니다

④ 긍정적인 영향을 무시할 수 없다고

⑤ 찬성 측은 찬성 측대로

읽고 말하기

1. ㉠ 목표를 이루는 것을 중시한다

㉡ 과정을 중시한다

㉢ 다른 사람과의 '관계'를 중시하는

㉣ 개개인이 따로 떨어져 있다고 생각하는

2. ㉠ '다름'을 '틀림'으로 잘못 생각한다

㉡ 같은 영화를 보고 다르게 느낀다

㉢ 사람마다 생각이 다른 것은 당연하다

6과 여행과 휴식

어휘·표현 1

1. 1) 빠듯해서　　　2) 일에 쫓겨서

3) 휴양하려고　　　4) 색다른

5) 무기력하게

2. 유적지를 둘러봤는데 / 모험을 즐기고 / 가슴이 뻥 뚫리는 / 맛집을 찾아가서 / 기대에 못 미쳤다

-(으)ㄹ 겸

1. 2) 바다도 볼 겸 회도 먹을 겸
   3) 친구 선물도 살 겸 겨울옷도 준비할 겸
   4) 생활비도 벌 겸 경험도 쌓을 겸
   5) 영어도 공부할 겸 친구도 사귈 겸
   6) 돈도 아낄 겸 운동도 할 겸
2. (예시 답안)
   1) 운동도 할 겸 스트레스도 풀 겸 배우고 있어요
   2) 쇼핑도 할 겸 맛있는 음식도 먹을 겸 명동에 갈 거예요
   3) 네, 여행도 할 겸 미국에 있는 친구도 만날 겸 갔다 왔어요
   4) 책도 반납할 겸 발표 자료도 찾을 겸 도서관에 가요
   5) 고향 음식도 먹을 겸 예쁜 카페에도 갈 겸 이태원에 자주 가요

-던가요?

1. (예시 답안)
   1) 맛있던가요?
   2) 어떻던가요?
   3) 한국말을 잘하던가요?
   4) 마음에 들던가요?
   5) 발표문을 잘 썼던가요?
2. (예시 답안)
   1) 바다는 아름답던가요?
   2) 자갈치시장은 크던가요?
   3) 맛있던가요?
   4) 뭐가 제일 재미있던가요?
   5) 부산 사람들은 친절하던가요?

어휘·표현 2

1. 1) 흘러요 2) 멍하네요
   3) 바라보면 4) 섭섭해요
   5) 이동하면서
2. 정신없이 / 내려놓고 / 산속을 / 편히 / 치유할

-아다가/어다가

1. 2) 건강식품을 사다가 어머니께 드렸다
   3) 꽃을 꽃병에 꽂아다가 책상 위에 놓았다
   4) 햄버거를 포장해다가 집에 와서 먹었다
   5) 친구에게 노트북을 빌려다가 발표 PPT를 만들었다
   6) 버려진 상자를 주워다가 책장을 만들었다
2. 1) 도서관에서 빌려다가 보세요
   2) 하나 복사해다가 줄게요
   3) 은행에서 찾아다가 줄게요
   4) (예시 답안) 고향 음식을 만들어다가 줄게요
   5) (예시 답안) 빵이랑 우유 좀 사다가 줄 수 있어요?

-듯이

1. 2) 밥 먹듯이
   3) 물 쓰듯이
   4) 가뭄에 콩 나듯이
   5) 불 보듯이
   6) 눈 녹듯이
2. 1) 배우가 말하듯이
   2) 동생에게 하듯이
   3) 책을 읽듯이
   4) (예시 답안) 평소에 입듯이
   5) (예시 답안) 가수가 노래하듯이

듣고 말하기

1. 1) ① 색다른 체험에
   ② 회를 사다가 호텔에서 먹으려고
   ③ 거기에서 사다가
   ④ 로비에서 9시에 뵙도록
   2) ① 일정이 너무 빠듯했거든요

② 기운도 없네요

③ 무기력해서 아무것도 하기가

④ 우울증에 걸리기도

⑤ 기분도 전환되고

읽고 쓰기

1. 1) ㉠ 자연

㉡ 자신

2) ③

2. ㉡

7과 한국의 역사와 상징

어휘·표현 1

1. 1) 학자가　　2) 궁궐이

3) 국화이다　　4) 번화가

5) 정치가가

2. 지도력이 뛰어나서 / 검소하게 생활했다 / 책임감이 강해서 / 모범을 보였기 / 전쟁에서 승리한

얼마나 -는지/(으)ㄴ지 모르다

1. (예시 답안)

1) 얼마나 많이 내리는지 몰라요

2) 얼마나 일찍 오는지 몰라요

3) 인형이 얼마나 많은지 몰라요

4) 얼마나 바쁜지 몰라요

5) 방도 넓고 교통도 편리해서 얼마나 좋은지 몰라요

6) 얼마나 어려운지 몰라요

2. (예시 답안)

1) 얼마나 놀랐는지 몰라요

2) 내용이 얼마나 슬펐는지 몰라요

3) 얼마나 재미있었는지 몰라요

4) 날씨가 얼마나 좋았는지 몰라요

5) 얼마나 잘 웃었는지 몰라요

-(으)ㄹ 정도로

1. 2) 그 사람은 힘이 정말 세서 냉장고를 혼자 들 정도이다

3) 길이 너무 좁아서 혼자 걷기도 힘들 정도이다

4) 내 친구는 목소리가 너무 작아서 바로 옆에 있는 사람도 못 들을 정도이다

5) 시험이 너무 어려워서 중간에 포기하고 나가고 싶을 정도이다

6) 친구가 화장을 많이 해서 다른 사람처럼 보일 정도이다

2. 2) 앞이 안 보일 정도로

3) 손가락 하나도 움직이지 못할 정도로

4) 발 디딜 틈이 없을 정도로

5) 화장실에 갈 시간도 없을 정도로

6) 둘이 먹다 하나가 죽어도 모를 정도로

어휘·표현 2

1. 1) 달았다　　2) 재개발했다

3) 덮어　　4) 아쉬워했다

5) 실을

2. 1) 영원히　　2) 평화를

3) 재산으로　　4) 허락을

5) 신조어를

치고

1. 1) 이 가수를 모르는 사람은

2) 휴일을 좋아하지 않는 사람은

3) 경복궁에 가 보지 않은 사람은

4) (예시 답안) 부모치고 자식을 사랑하지 않는 사람은 없어요.

5) (예시 답안) 용두리를 모르는 사람은 없어요

6) (예시 답안) ㅇㅇ을/를 안 먹어 본 사람은 없어요

2. (예시 답안)

1) 말을 많이 하는 사람치고 말실수를 하지 않는 사람은 없을 거예요

2) 매일 인스턴트 음식을 먹는 사람치고 건강한 사람은 없을 거예요

3) 책을 많이 읽는 사람치고 똑똑하지 않은 사람은 없을 거예요

4) 이 소설가가 쓴 책치고 재미없는 책은 없었어요

5) 매일 운동하는 사람치고 건강하지 않은 사람은 없을 거예요

6) 이 회사 제품치고 품질이 나쁜 제품은 없더라고요

-는 데

1. 1) 단어를 찾는 데
   2) 건강해지는 데
   3) 잠을 깨는 데
   4) (예시 답안) 기분을 전환하는 데
   5) (예시 답안) 한국어 표현을 많이 아는 데
2. 1) 노래방에서 노래를 부르면 스트레스를 푸는 데 도움이 돼요
   2) 자기 전에 따뜻한 물로 샤워하면 숙면을 취하는 데 도움이 돼요
   3) (예시 답안) 잘 쓴 글을 계속 따라 쓰는 것이 쓰기 실력을 기르는 데 좋아요
   4) (예시 답안) 아르바이트가 다양한 경험을 쌓는 데 좋아요
   5) (예시 답안) 자주 음식을 만드는 것이 요리 실력을 늘리는 데 좋아요

듣고 말하기

1. 1) ① 한국을 상징하는
   ② 영원히 피는 꽃
   ③ 항상 꽃이 피어 있는 것처럼
   2) ① 국기를 아래에 달았어요
   ② 나라를 위해 돌아가신 분들을
   ③ 태극기를 위에 달아요
   3) ① 빨간색은
   ② 파란색은
   ③ 네 가지 검은색
   ④ 하얀색 바탕은

읽고 말하기

1. 1) 높은 위치에 / 양반들이 / 유명한 관광지가
   2) 시장이었다 / 서울시의 번화가 중 하나이다
2. 1) (다) - (라) - (가) - (나)
   2) (다) - (나) - (라) - (가)

8과 생활과 경제

어휘·표현 1

1. 1) 과소비하는 2) 무절제한
   3) 절약해야 4) 개선하기로
   5) 할인해서
2. 수입이 생기면 / 합리적으로 소비할 / 충동구매를 할 / 매출이 떨어졌다 / 판매 전략을 세우기로

-는 김에

1. 2) 내가 먹을 빵을 사는 김에 친구에게 줄 것도 샀어요
   3) 일본어를 배우는 김에 일본의 문화도 알아보고 싶어요
   4) 서비스 센터에 컴퓨터를 맡기는 김에 친구가 맡긴 휴대폰을 찾아다가 줬어요
   5) 방 청소를 한 김에 책상 정리도 좀 했어요
   6) 음식 재료를 많이 산 김에 내일 먹을 것까지 만들어 놓아야겠어요
2. (예시 답안)

1) 샌드위치를 만드는 김에
2) 홍대에 가는 김에 화장품 좀 사다가 줄래요?
3) 관리 사무소에 가는 김에 제 택배도 좀 찾아다가 주세요
4) 세탁실에 가는 김에 제 빨래도 좀 부탁해요
5) 찾아보는 김에 제 반도 좀 찾아봐 주세요

-(으)ㄹ지도 모르다

1. (예시 답안)
   1) 건강이 나빠질지도 몰라요
   2) 나중에 힘들어질지도 몰라요
   3) 기숙사 문이 닫혀 있을지도 몰라요
   4) 생활비가 모자랄지도 몰라요
   5) 안 좋은 점수를 받을지도 몰라요
   6) 음식이 상할지도 몰라요
2. (예시 답안)
   1) 손님이 많이 올지도 몰라서
   2) 날씨가 다시 더워질지도 몰라서
   3) 잘 못 찾을지도 모르니까
   4) 오늘도 비가 올지도 모르니까
   5) 마키 씨가 방에 없을지도 모르니까

어휘·표현 2

1. 1) 지속적으로　　2) 산업이
   3) 원리에　　4) 신제품이
   5) 추세라고
2. 발달하면서 / 감소하고 / 늘어날 / 전망된다 / 불과한

-거든

1. 2) 내가 보고 싶거든
   3) 비가 그치거든
   4) 먹어 보고 맛있거든
   5) 시간이 별로 없거든
   6) 많이 불편하거든
2. (예시 답안)
   1) 많이 배고프거든
   2) 책이 없거든
   3) 드라마가 시작하거든
   4) 명동에 가거든 꼭 가 봐야겠어요
   5) 비가 오거든 축구하는 대신에 집에서 영화를 볼까요?

-는/(으)ㄴ 반면에

1. (예시 답안)
   1) 명절을 중요하게 생각하는 반면에
   2) 날씨가 흐린 반면에
   3) 편리한 반면에
   4) 남자들에게 인기가 없는 반면에
   5) 가격이 싼 반면에
   6) 외국에서 인기가 많은 반면에
2. (예시 답안)
   1) 생각하는 반면에 남자는 인생에서 성공이 가장 중요하다고 생각한다.
   2) 한국에서는 야구가 제일 인기가 많은 반면에 중국에서는 농구가 제일 인기가 많다.
   3) 강원도는 평균 기온이 8.2℃인 반면에 제주도는 평균 기온이 17.4℃이다.
   4) 영어영문학과는 여학생이 많은 반면에 자동차공학과는 남학생이 많다.
   5) 60대 인구는 증가하는 반면에 10대 인구는 감소하고 있다.

듣고 말하기

1. 1) ① 소비자들이 지갑을 열게 하는
      ② 편의점만의 전략이 있거든요
      ③ 편의점에서 가장 많이 팔리는
   2) ① 잘 보이는 곳에 진열하는 물건이

② 판매량이 높습니다

③ 수업 끝나고 편의점에 가거든

④ 편의점 진열대가 어떤 모양인지

읽고 쓰기

1. ㉠ 식비가 27%로 가장 높은 비율을 차지했다

㉡ 가장 낮은 비율을 차지했다

2. ㉡

종합 문제 (01~08과)

어휘·표현

1. 1) 만원이다 2) 지식도
3) 동기가 4) 결항으로
5) 기부를 6) 책임감이
7) 예정보다 8) 모범을
9) 보람을 10) 입장을

2. 1) 이른 2) 검소하게
3) 실을 4) 격려해
5) 색다른 6) 취해야
7) 향했다 8) 극복하고
9) 풍부해서 10) 배려해서

3. 1) ④ 2) ③
3) ① 4) ①
5) ②

4. 1) ② 2) ①
3) ③ 4) ①
5) ②

5. 1) 쓰다 2) 보다
3) 짓다 4) 따다

문법

6. 1) ④ 2) ③
3) ④ 4) ②
5) ①

7. 1) 도착하자
2) 말로 표현할 수 없을 정도로
3) 눈 녹듯이
4) 손바닥만 해
5) 힘든 반면에

8. 1) 다닌다고 하더니
2) 하다 보니
3) 어렵지 않던가요?
4) 하는 대로
5) 푸는 데

9. (예시 답안)
1) 가려다가 말았어요
2) 막힐지도 몰라요
3) 시간이 지나면 익숙해지기 마련이에요
4) 부자는 부자대로
5) 그때 열심히 공부했더라면 좋은 대학교에 갈 수 있었을 거예요
6) 듣기 실력을 높이는 데 도움이 될 거예요
7) 노래를 잘하더니 가수가 되었어요

10. (예시 답안)
1) 학생치고 시험 보는 것을 좋아하는 학생은 없어요
2) 친절한 데다가 유머 감각도 있어서
3) 발 디딜 틈이 없을 정도로 사람이 많았어요
4) 여행사에 다닌다고 해서 다 여러 나라에 가 볼 수 있는 것은 아니에요
5) 밥 먹듯이 거짓말을 하거든요
6) 손바닥만 해서 마음에 안 들어요
7) 제가 발음하는 대로 따라 해 보세요
8) 얼마나 경치가 아름다운지 몰라요
9) 날씨가 어떻던가요?
10) 제 꿈을 이루고자 이 회사에 지원하게 되었습니다

11) 일기 예보를 확인했어야 했는데 못 했어요

11. 1) 투안 씨는 공부며 운동이며 못하는 것이 없어요
   2) 아까 전화했을 때는 자리가 있다고 하셨잖아요
   3) 찬성하는 사람이 있는가 하면 반대하는 사람도 있어요
   4) 태권도도 배울 겸 친구도 사귈 겸 태권도 동아리에 들었어요
   5) 예매가 시작되자마자 표가 다 팔릴 정도로 인기가 많아요
   6) 편의점에 가는 김에 김밥 좀 사다가 주세요

9과 문화를 즐기는 삶

어휘·표현 1

1. 1) 눈을 뗄 수 없었어요
   2) 향수를 불러일으켜요
   3) 가슴을 울렸어요
   4) 실망스러웠어요
   5) 흥겨워서
   6) 긴장감이 넘치는
2. 무대가 / 환상적으로 / 가창력에 / 연주도 / 열정적인

사동(-이-, -히-, -리-, -기-, -우-, -추-)

1. 아이를 씻겨요 / 동생을 울려요 / 모기를 죽여요 / 아빠가 아이에게 밥을 먹여요 / 엄마가 아이에게 옷을 입혀요
2. 재우고 / 벗기고 / 씻겼다 / 끓여 / 늦췄다

-길래

1. 2) 백화점에서 세일을 하길래 이것저것 좀 많이 샀어요
   3) 제프리 씨 생일이길래 케이크를 사다가 줬어요
   4) 친구들이 밥을 먹었길래 혼자 식당에 갈까 해요
   5) 요즘 딸기가 맛있다길래 사서 먹으려고 해요
   6) 친구가 영화를 보자길래 주말에는 극장에 가려고 해요
2. (예시 답안)
   1) 예쁘길래 저도 하나 샀어요
   2) 시험을 본다길래 스키장은 다음에 가기로 했어요
   3) 그때쯤 일본에서 벚꽃 축제를 한다길래 가려고 해요
   4) 오렌지를 먹으면 감기에 안 걸린다길래 먹으려고 샀어요
   5) 요가가 스트레스를 푸는 데 좋다길래 배우고 있어요

어휘·표현 2

1. 1) 오해했어　　2) 시도하지
   3) 닫힌　　4) 상영하는
   5) 열중하니까
2. 시각 장애인들의 / 포스터를 / 흘린 / 후원자가 / 펼칠

-도록

1. 2) 입에 침이 마르도록
   3) 귀에 못이 박히도록
   4) 눈이 빠지도록
   5) 눈이 퉁퉁 붓도록
   6) 입이 닳도록
2. 1) 새벽 3시가 넘도록
   2) 밤 10시가 되도록
   3) 보름이 지나도록
   4) (예시 답안) 밤새도록
   5) (예시 답안) 2시간이 넘도록

-고 말다

1. 2) 그만두고 말았다
   3) 쏟고 말았다
   4) 화를 내고 말았다
   5) 놓치고 말았다
   6) 넘어지고 말았다
2. 1) 잃어버리고 말았어요

2) 쓰러지고 말았대요

3) 떨어지고 말았어요

4) (예시 답안) 헤어지고 말았대요

5) (예시 답안) 포기하고 말았어요

듣고 말하기

1. 1) ① 록 페스티벌을 보러 가자길래
② 신인 그룹부터 세계적인 그룹까지
③ 공연에 푹 빠져 있었네요
2) ① 감동적이라길래 보고 싶었는데
② 할인이 되잖아요
③ 이런 좋은 정보를 주다니
④ 공연 당일에 가면

읽고 쓰기

1. (나) – (가) – (다) – (라)
2. 매표소로 / 개봉 / 관객이 / 화제 / 드디어

10과 재미있는 한국어

어휘·표현 1

1. 1) 느릿느릿 2) 활짝
3) 쩝쩝 4) 엉엉
5) 뻘뻘
2. 꼬르륵 / 헐레벌떡 / 꾸벅꾸벅 / 콜록콜록 / 소곤소곤

-ㄴ다고/는다고/다고

1. 2) 같은 값이면 다홍치마라고 기능이 같아도 예쁘게 만들어야 더 인기가 있어요
3) 우물 안 개구리라고 경험이 적으면 아는 것도 적기 마련이에요
4) 가는 말이 고와야 오는 말이 곱다고 상대방에게 먼저 좋은 말로 이야기하는 게 좋아요
5) 낮말은 새가 듣고 밤말은 쥐가 듣는다고 듣는 사람이 없어도 말을 조심해야 해요
6) 세 살 적 버릇 여든까지 간다고 처음 잘못 배운 것은 고치기가 어려워요
2. 2) 말 한마디에 천 냥 빚도 갚는다고
3) 개구리 올챙이 적 생각 못 한다고
4) 말이 씨가 된다고
5) 갈수록 태산이라고
6) 고생 끝에 낙이 온다고

-(으)ㄹ 게 아니라

1. 2) 약국에서 약을 지을 게 아니라
3) 핸드폰만 볼 게 아니라
4) 전화로 이야기할 게 아니라
5) 혼자 고민할 게 아니라
6) 아침에 머리를 감을 게 아니라
2. (예시 답안)
1) 공연을 볼 게 아니라 등산을 합시다
2) 일주일에 한 번만 청소할 게 아니라 매일 청소를 하세요
3) 끊을 게 아니라 내일부터 끊도록 하세요
4) 식당 앞에서 기다릴 게 아니라 안으로 들어가서 기다리자
5) 집에서 텔레비전만 볼 게 아니라 산책이라도 하세요

어휘·표현 2

1. 귀가 가렵다 / 믿는 도끼에 발등 찍힌다 / 어깨가 무겁다 / 발등에 불이 떨어지다 / 다리를 놓다
2. 1) 굴뚝같지만 2) 까다롭게
3) 활동한 4) 절망할
5) 뒤떨어져서

-고 보니

1. 2) 밥을 다 먹고 보니 지갑을 집에 놓고 왔다

3) 몇 번 만나고 보니 첫인상과 달리 친절하다

4) 버스에서 내리고 보니 핸드폰이 주머니에 없다

5) 직장을 옮기고 보니 전 회사가 좋았다

6) 가방에서 꺼내고 보니 3급 책이었다

2. 2) 물을 붓고 보니

3) 일을 다 하고 보니

4) (예시 답안) 큰 회사에 들어가고 보니 일이 많아서 힘들어요

5) (예시 답안) 이야기를 듣고 보니 피부가 좋아진 것 같네요

6) (예시 답안) 기숙사에서 나오고 보니 불편한 것이 많아요

어찌나 -는지/(으)ㄴ지

1. 어찌나 잘 가르쳐 주는지 / 어찌나 한국말을 잘하는지 / 어찌나 발이 넓은지 / 어찌나 예쁜지 / 어찌나 재미있는지

2. 1) 어찌나 글씨를 예쁘게 쓰는지

2) 어찌나 비슷한 옷을 입은 사람이 많은지

3) 어찌나 PC방에 자주 가는지 사장님이 이름도 알아요

4) (예시 답안) 어찌나 햄버거를 좋아하는지

5) (예시 답안) 어찌나 지루한지 공연을 보는 동안 계속 잤어

듣고 말하기

1. 1) ① 다른 사람이 활짝 웃는 얼굴을 보면

② 음식 먹는 걸 즐기는 사람이면

③ 먹을 때 쩝쩝 소리를 내는 건

④ 귀 기울여 주는

2) ① 일이 아주 급해졌다는

② 급하게 꺼야 하니까

③ 마키 씨를 진심으로 믿고

④ 제 비밀도 말하고

읽고 쓰기

1. (라) - (가) - (다) - (나)

2. 1) 경기에 나가고 싶은 마음이 굴뚝같았지만 대부분 벤치에서 시간을 보냈습니다

2) 한 걸음씩 앞으로 가다가 보면 원하는 목표를 이룰 수 있을 것입니다

3. ㉠ 그래서　　㉡ 그렇지만　　㉢ 그렇게

11과 스포츠와 우리의 생활

어휘·표현 1

1. 결승에 / 관중 / 기록이 / 경기력에 / 우승을

2. 1) 비겨서　　2) 쫓아가서

3) 경쟁하고　　4) 속도를 내서

5) 경기를 뒤집고

-더니

1. 2) 방 친구가 어제는 여러 번 외출을 하더니 오늘은 하루 종일 집에만 있어요

3) 장핑 씨가 지난주에는 자주 결석하더니 이번 주에는 하루도 빠지지 않고 나와요

4) 어제는 바람이 불고 비가 오더니 오늘은 날씨가 맑고 따뜻해요

5) 학기 중에는 학교에 사람이 많더니 방학을 하니까 학교가 조용해졌어요

6) 오늘 아침에는 교실이 깨끗하더니 저녁때가 되니까 더러워졌어요

2. (예시 답안)

1) 전에는 책을 많이 읽더니

2) 전에는 연기를 잘 못하더니

3) 작년에는 짧은 치마를 입은 사람이 많더니

4) 지난주에는 발표 때문에 많이 바쁘더니

5) 학교 다닐 때는 날씬하더니

-는지/(으)ㄴ지

1. 사람이 많은지 / 중요한 전화인지 / 행사를 하는지 / 할 말이 있는지 / 재미있는지
2. 1) 없어진 물건이 있는지
   2) 약을 먹고 나았는지
   3) (예시 답안) 라면을 좋아하는지
   4) (예시 답안) PPT를 잘 만드는지
   5) (예시 답안) 안 좋은 일이 있는지

어휘·표현 2

1. 1) 마음껏　　2) 종목은
   3) 제대로　　4) 중계가
   5) 수준
2. 1) 왕복하려면　　2) 놀라웠다
   3) 진정한　　4) 마무리한다
   5) 투자했다

여간 -지 않다

1. 1) 바트 씨가 몽골 음식을 여간 잘 만들지 않는다
   2) 한국어는 발음이 여간 어렵지 않다
   3) 다른 나라의 문화를 배우는 것은 여간 재미있지 않다
   4) 이정훈 교수는 여간 훌륭한 과학자가 아니다
   5) 어제 시험공부를 하면서 커피를 여간 많이 마시지 않았다
2. 1) 여간 부자가 아니에요
   2) 여간 발이 넓지 않아요
   3) 바람이 여간 많이 불지 않았어요
   4) (예시 답안) 시간이 여간 빠르지 않아요
   5) (예시 답안) 여간 바쁘지 않아요
   6) (예시 답안) 단어가 여간 많지 않네요

-(으)려야 -(으)ㄹ 수 없다

1. 2) 떼려야 뗄 수 없어요
   3) 살려야 살 수 없어요
   4) 먹으려야 먹을 수 없어요
   5) 들으려야 들을 수 없었어요
   6) 피하려야 피할 수 없었어요
2. 1) 찾으려야 찾을 수 없어요
   2) 빨리 끝내려야 끝낼 수 없어요
   3) (예시 답안) 일찍 자려야 잘 수 없어요
   4) (예시 답안) 집중하려야 집중할 수 없었어요
   5) (예시 답안) 신으려야 신을 수 없어요

듣고 말하기

1. 1) ① 대단한 순발력입니다
   ② 빠른 속도를 유지하고
   ③ 속도를 내고
   ④ 1위를 지킬
   ⑤ 경기를 뒤집을
   2) ① 허리 부상 때문에
   ② 저도 여간 기쁘지 않았습니다
   ③ 더 의미가 있는 것 같습니다
   ④ 제 경기력과 성적에만 집중해서

읽고 말하기

1. 1) (**다**) - (나) - (가) - (라)
   2) (**가**) - (라) - (다) - (나)
2. 1) 더 많은 투자를 해야 한다
   2) 생활 체육 시설을 하나라도 더 만드는 데

12과 사건과 사고

어휘·표현 1

1. 1) 침수됐다　　2) 무너져서
   3) 범람해서　　4) 쓰러져서
   5) 대비해서

2. 발이 묶이다 / 고립되다 / 목숨을 잃다 / 실종되다 / 구조하다

-(으)ㄹ 수밖에 없다

1. 2) 엘리베이터가 고장이 났으니까 17층까지 걸어서 올라갈 수밖에 없다
   3) 세계적으로 유명한 요리사가 하는 식당이니까 예약하기가 어려울 수밖에 없다
   4) 두 사람이 성격이 너무 다르니까 자주 싸울 수밖에 없다
   5) 투이 씨는 친절하고 친구들을 잘 도와주니까 반 친구들한테 인기가 많을 수밖에 없다
   6) 갑자기 수술을 하게 됐으니까 여행 계획을 취소할 수밖에 없었다
2. 2) 내일 아침까지 일을 끝내야 해서 퇴근하지 않고 일할 수밖에 없어요
   3) 계속 약속을 안 지켜서 화를 낼 수밖에 없었어요
   4) 서류에 직접 서명을 해야 해서 사무실에 갈 수밖에 없어요
   5) 카드를 잃어버려서 은행에 갈 수밖에 없어요
   6) 준비 부족으로 경기력이 엉망이어서 질 수밖에 없었어요

만으로는

1. 2) 외모가 뛰어난 것만으로는 배우가 되기 어렵습니다. 연기력도 있어야 합니다
   3) 자기소개서를 잘 쓰는 것만으로는 충분하지 않습니다. 입학 서류도 잘 준비해야 합니다
   4) 운동하는 것만으로는 건강을 유지하기 힘듭니다. 몸에 안 좋은 음식도 피해야 합니다
   5) 직원을 위해서 일하는 시간을 줄이는 것만으로는 부족합니다. 일하는 환경도 바꿔야 합니다
   6) 숙제를 하는 것만으로는 시험을 잘 보기 어렵습니다. 복습과 예습도 충분히 해야 합니다
2. 1) 열정만으로는 부족해요. 좋은 사람들도 만나야 해요
   2) 학원에 다니는 것만으로는 부족해요. 배운 것도 다시 연습해 봐야 해요
   3) (예시 답안) 돈이 많은 것만으로는 부족해요. 건강도 중요해요
   4) (예시 답안) 몸에 좋은 음식을 먹는 것만으로는 부족해요. 좋은 생각도 많이 해야 건강하게 살 수 있어요
   5) (예시 답안) 문자 메시지를 보내는 것만으로는 화가 풀리지 않을 거예요. 만나서 진심으로 사과해 보세요
   6) (예시 답안) 수업 시간에 열심히 듣는 것만으로는 부족해요. 수업 후에 배운 내용도 복습해야 해요

어휘·표현 2

1. 1) 물건을 훔친 2) 얼굴을 가리고
   3) 집을 비웠는데 4) 범인을 검거하기가
   5) 신호를 위반하고
2. 1) 고령자를 2) 피해자에게
   3) 방안을 4) 귀중품을
   5) 현황을

-자면

1. 2) 빨리 낫자면 의사 선생님의 말씀대로 해야 한다
   3) 음주 운전 사고를 줄이자면 운전자를 대상으로 안전 교육을 실시할 필요가 있다
   4) 환경을 보호하자면 재활용을 하는 것이 필요하다
   5) 소비 습관을 바꾸자면 돈을 쓰기 전에 지출 계획을 세워야 한다
   6) 좋은 회사에 취직하자면 한국어 실력뿐만 아니라 영어 실력도 필요하다
2. 1) 늦잠 자는 습관을 고치자면 자기 전에 스마트폰을 보지 않거나 저녁에 일찍 자야 합니다

2) 한 달 동안 미국으로 여행을 가자면 우선 비자를 신청해야 합니다
3) 한국 학생들과 잘 지내자면 팀 활동에 적극적으로 참여해야 합니다
4) (예시 답안) 건강하게 살자면 스트레스를 받지 말아야 해요. 좋은 음식도 먹고 운동도 해야 하고요
5) (예시 답안) 건축가가 되자면 건축학과에 입학해서 공부하는 것이 좋습니다

-는/(으)ㄴ 만큼

1. 2) 문제가 복잡한 만큼 시간이 많이 걸릴 것입니다
3) 열심히 연습하는 만큼 실력이 늘 것입니다
4) 환절기인 만큼 건강에 유의해야 합니다
5) 가격이 비싼 만큼 성능이 좋을 거예요
6) 제품에 문제가 발생한 만큼 교환이 가능할 거예요
2. 1) 위험한 만큼 걷지 않는 것이 좋아요
2) 가격도 저렴하고 성능도 뛰어난 만큼 잘 팔릴 거예요
3) 눈 때문에 길이 미끄러운 만큼 운전하지 않는 것이 좋아요
4) 노력한 만큼 성공할 수 있을 거예요
5) (예시 답안) 열심히 준비한 만큼 원하는 곳에 취직할 수 있을 거예요

듣고 말하기

1. 1) ① 부딪혀 숨졌습니다
② 무단 횡단을 하다가 사고를 당했다고
2) ① 전체
② 줄고 있습니다
③ 노인
④ 증가했습니다
⑤ 안전 수칙을 잘 지키지
⑥ 신호도 많이 위반하는
⑦ 고령 운전자 사고를 줄이자면
⑧ 안전 수칙과 신호를 지키는 것이

읽고 쓰기

1. 그렇지 않은 경우가 많은 만큼
2. ㉢
3. ④

13과 동식물과 함께하는 생활

어휘·표현 1

1. 1) 정서적으로 안정된다　2) 외로움을 달래기
3) 안락사를 시킬　4) 훈련을 시켜야
5) 관리되어서
2. 1) 배설물을, 치우지　2) 먹이를, 챙겨 준다
3) 잡초를, 뽑아　4) 어항 물을, 갈아
5) 벌레가, 잡아　6) 털을, 빗겨

은/는커녕, -기는커녕

1. 1) 김치찌개는커녕 라면도 못 끓여요
2) 자동차는커녕 자전거도 없어요
3) 맛있는 거는커녕 커피도 안 사 주던데요
4) (예시 답안) 점심은커녕 아침도 안 먹었어요
5) (예시 답안) 시험공부는커녕 숙제도 아직 못 했어요
2. 1) 재미있기는커녕 갑자기 비가 오는 바람에 고생했어요
2) 잘 보기는커녕 늦게 일어나서 시험 장소에도 못 갔어요
3) 재미있게 놀기는커녕 태풍 때문에 공항에서 10시간이나 기다리느라고 고생했어요
4) (예시 답안) 맛있는 거는커녕 배탈이 나서 아무것도 못 먹었어요
5) (예시 답안) 좋기는커녕 일이 많아서 너무 힘들어요
6) (예시 답안) 싸기는커녕 집 근처 마트보다 비싸던데요

-는걸요/(으)ㄴ걸요

1. 1) 아직 부족한 것이 많은걸요
   2) 길을 잘 설명해 줘서 쉽게 찾았는걸요
   3) 도와줄 수 있어서 좋았는걸요
   4) 요리 학원을 다닌 지 얼마 안 되어서 아직 배울 게 많은걸요
   5) (예시 답안) 별로 많이 읽지 않았는걸요
   6) (예시 답안) 잘 그리기는요. 아직 잘 못 그리는걸요
2. (예시 답안)
   1) 맵지 않은걸요
   2) 안 힘든걸요
   3) 안 갔는걸요
   4) 아니요, 인기가 별로 없었는걸요
   5) 예쁘고 기능이 많아도 안 비싼걸요

어휘·표현 2

1. 1) 북적거린다 2) 잡초가 무성해졌다
   3) 더불어 살아가는 4) 방치되어
   5) 날아가
2. 저출산 / 유기 / 고령화 / 입양 / 용어

-(으)나 마나

1. 2) 먹으나 마나예요. 오늘은 병원에 가서 진찰을 받아야겠어요
   3) 있으나 마나예요. 한 달에 한 번밖에 못 만나요
   4) 여나 마나예요. 바람이 전혀 안 불어요
   5) 청소하나 마나예요. 금방 집 안이 지저분해져요
   6) 그렇게 조금 듣는 것은 들으나 마나예요. 30분 이상 들어야 해요
2. 1) 물어보나 마나 비쌀 거예요
   2) 가나 마나 사람이 많을 거예요
   3) 입어 보나 마나 어울릴 거예요
   4) (예시 답안) 보나 마나 재미있을 거예요
   5) (예시 답안) 먹으나 마나 맛있을 거예요

(이)나 다름없다

1. (예시 답안)
   1) 어머니나 다름없어요
   2) 우리 집이나 다름없었어요
   3) 고향이나 다름없어요
   4) 가족이나 다름없어요
   5) 제 컴퓨터나 다름없어요
2. 2) 부산 친구한테 아주 많이 들어서 갔다 온 거나/것이나 다름없어요
   3) 마지막 정리만 하면 되니까 다 한 거나 다름없어요
   4) 영화가 시작하자마자 잠이 들어서 안 본 거나 다름없어요
   5) 올라가다가 10분 만에 내려왔으니까 안 간 거나 다름없어요
   6) 바로 대답하지 않고 생각해 보겠다고 말했으니까 거절한 거나 다름없어요

듣고 말하기

1. 1) ① 북적거리지 않아요
      ② 출퇴근을 하는데
      ③ 소음 때문에
      ④ 혼자 있는 시간이 부족해요
   2) ① 쓰레기가 오랫동안 방치되었는지
      ② 잡초만 이렇게 무성하게 자라고
      ③ 오히려 스트레스만 더 쌓일 것
      ④ 다 시들어 버렸습니다
      ⑤ 방치되면 있으나 마나입니다

읽고 말하기

1. ②
2. 반려동물을 입양하는 사람은 반려동물이 가족이나

다름없는 만큼 끝까지 책임을 져야 한다

3.

조사 기관	농림축산식품부
조사 내용	유기 동물 입양에 대한 의견
조사 결과	• 유기 동물 입양에 찬성하는 사람 94.2%
	• 반대하는 사람 5.8%
	• 대부분의 사람들이 유기 동물 입양에 찬성함.

14과 소중한 환경

어휘·표현 1

1. 1) 폐수　　2) 수질 오염이
   3) 매연을　　4) 토양 오염이
   5) 대기 오염이
2. 환경 오염을 / 지구 온난화 / 일회용품 / 분리해서 / 실천을

에 달려 있다

1. 2) 마음먹기
   3) 어떤 선배를 만나느냐
   4) 언제 여행을 가느냐
   5) 짐이 얼마나 많으냐
   6) 신선한 재료
2. (예시 답안)
   1) 가수의 성공과 실패는 가수의 가창력에 달려 있어요
   2) 사업의 성공과 실패는 노력에 달려 있어요
   3) 즐거운 학교생활은 같이 공부하는 친구들에게 달려 있어요
   4) 말하기 실력은 얼마나 한국 사람과 많이 이야기를 하느냐에 달려 있어요
   5) 우리 나라의 미래는 청소년에게 달려 있어요

-다가는

1. 2) 휴대 전화를 보면서 운전하다가는 교통사고가 날지도 몰라요
   3) 그렇게 복도에서 뛰어다니다가는 다칠 거예요
   4) 계속 자기 말만 하다가는 친구들이 싫어하게 될 텐데요
   5) 그렇게 계속 집에만 있다가는 우울해질지도 몰라요
   6) 그렇게 자주 결석하다가는 유급하게 될 거예요
2. (예시 답안)
   1) 그렇게 숙제를 안 하다가는 유급하게 될지도 몰라요
   2) 매일 햄버거만 먹다가는 건강이 나빠질 거예요
   3) 매일 자기 전에 스마트폰으로 게임하다가는 눈이 나빠질 텐데요
   4) 그렇게 치료를 미루다가는 더 큰 병에 걸릴지도 몰라요
   5) 그렇게 일회용품을 자주 쓰다가는 환경 오염이 심해질 거예요
   6) 그렇게 아이의 일을 대신 해 주다가는 아이가 혼자서는 아무것도 할 수 없게 될 거예요

어휘·표현 2

1. 1) 부서진　　2) 장사하는
   3) 등장하면서　　4) 떠다니고
   5) 썩지
2. 1) 막상　　2) 무리가
   3) 부작용도　　4) 생산량이
   5) 부족이에요

-(으)ㄴ 채로

1. (예시 답안)
   1) 장갑을 낀 채로
   2) 얼굴을 가린 채로
   3) 밥을 먹지 않은 채로
   4) 소파에 누운 채로
   5) 가스레인지 불을 켠 채로

2. 2) 주머니에 손을 넣은 채로
3) 주머니에 휴지를 넣은 채로
4) 침대에 누운 채로
5) 의자에 앉은 채로

-는/(으)ㄴ 법이다

1. 2) 아무리 좋은 소리도 여러 번 들으면 싫은 법이에요
3) 부모에게 자식은 언제나 어린 법이에요
4) 아무리 친한 사이라도 서로 지켜야 할 예의가 있는 법이에요
5) 자신이 노력하지 않으면 실력이 늘지 않는 법이에요
2. 2) 개구리 올챙이 적 생각 못 하는 법이에요
3) 남의 떡이 더 커 보이는 법이에요
4) 세 살 적 버릇 여든까지 가는 법이에요
5) 윗물이 맑아야 아랫물이 맑은 법이에요

듣고 말하기

1. 1) ① 말도 마
② 어쩌나 쿵쿵 뛰어다니는지
③ 소음 공해가
④ 귀에 무리를 주는 데다가
2) ① 숙면을 취할 수가 없잖아
② 불을 켜 놓은 채로 문을 닫거든
③ 수면 부족 상태가

읽고 쓰기

1. ㉠ 사용되고
㉡ 재활용되고
㉢ 묻혀서
㉣ 썩지
2. 1) ① 5mm보다 작은 플라스틱 조각
② 사람이 플라스틱을 미세한 형태로 만든 것
③ 바다로 흘러 들어간 큰 플라스틱 쓰레기가 태양빛이나 파도로 인해 부서져서 생긴 것
④ 걸러지지 않고
⑤ 먹이로
2) ②

15과 과학과 기술

어휘·표현 1

1. 1) 빼앗겼다 2) 신속하게
3) 깨어나 4) 개발하는
5) 의존하게
2. 1) 방해를 하지 2) 혜택을 준다
3) 해를 입는 4) 방해를 받을
5) 해를 끼치는

-더라도

1. 2) 고향에 돌아가더라도 한국어 공부를 계속 열심히 하겠어요
3) 물건 값이 조금 비싸더라도 오래 사용할 수 있는 물건을 사는 게 좋아요
4) 화가 많이 나더라도 나쁜 말을 하면 안 돼요
5) 이번 대회에서 메달을 못 따더라도 다음에 기회가 있으니까 실망하지 않을 거예요
6) 계획을 잘 세웠더라도 지키지 않으면 의미가 없어요
2. (예시 답안)
1) 문화가 달라서 힘들더라도
2) 특별히 다친 데가 없더라도
3) 별로 안 먹고 싶더라도
4) 귀찮더라도 건강을 위해서 꼭 챙겨 드세요
5) 마음에 안 들더라도 선물이니까 잘 사용하세요

-ㄴ다든가/는다든가/다든가

1. 2) 쩝쩝 소리를 낸다든가 입안에 음식을 넣은 채로

말한다든가

3) 외국어 실력이 뛰어나다든가 업무 능력이 훌륭하다든가

4) 마음에 안 든다든가 사이즈가 안 맞는다든가

5) 빨간색으로 이름을 쓴다든가 시험 날 미역국을 먹는다든가

6) 감기에 걸렸다든가 배탈이 났다든가

2. (예시 답안)

1) 세수를 한다든가 커피를 마신다든가

2) 숨을 크게 쉰다든가 음악을 듣는다든가

3) 게임을 한다든가 노래를 배워 본다든가

4) 일회용품을 안 쓴다든가 쓰레기를 잘 분리해서 버린다든가

5) 사람과 상담을 한다든가 로봇을 개발한다든가

어휘·표현 2

1. 1) 영양소가 2) 놀라움을

3) 성장이 4) 선입견

5) 창의력을

2. 1) 모방하기 2) 구별되는

3) 헤엄치다가 4) 나아가다가

5) 파괴되었다

-(으)ㄹ 뿐이다

1. 2) 답답할 뿐이에요

3) 죄송할 뿐입니다

4) 서운할 뿐이에요

5) 안타까울 뿐이에요

6) 감사할 뿐입니다

2. 2) 미국에서 태어났을 뿐이에요

3) 가끔 전화만 할 뿐이에요

4) 멀리서 지켜볼 뿐이에요

5) 발목만 조금 부었을 뿐이에요

6) 배운 것을 적어 놓았을 뿐이에요

(이)란 ~을/를 말한다

1. 2) 라이벌이란 같은 분야에서 서로 경쟁하는 사람을 말한다

3) 팀워크란 팀을 이루는 사람들이 서로 돕는 것을 말한다

4) 재활용이란 쓰고 버리는 물건을 다른 데에 다시 사용하는 것을 말한다

5) 설문 조사란 어떤 사실을 알기 위해 여러 사람에게 질문해서 조사하는 것을 말한다

6) 전기 자동차란 움직이는 에너지를 전기로부터 얻는 자동차를 말한다

2. (예시 답안)

1) 일회용품이란 한 번만 사용하고 버리는 물건을 말해요

2) 첨단 과학이란 전통적인 과학과 구별되는 새로운 기능을 가진 최신 과학을 말해요

3) 자율 주행 자동차란 스스로 달려서 사람이 운전할 필요가 없는 자동차를 말해요

4) 인공 지능이란 컴퓨터 시스템이 인간처럼 생각하고 배워서 행동하는 것을 말해요

5) 고령 사회란 65세 이상 노인 인구의 비율이 전체의 14% 이상인 사회를 말해요

듣고 말하기

1. 1) ① 전기도 안 통할걸

② 전자파가 우리 몸에 나쁘다는

③ 불안증이 생긴다든가 암에 걸린다든가

④ 우리 몸에 영향을 끼칠 정도로

2) ① 우리의 선입견일 뿐입니다

② 영양소가 생각만큼 파괴되지 않습니다

③ 우리가 잘못 알고 있었네요

④ 좋은 말을 들은 식물이

읽고 말하기

1. ㉡
2. ㉠ 2월 16일~2월 19일
   ㉡ 세종 문화 회관
   ㉢ 야외 행사
   ㉣ 자율 주행 자동차 체험
   ㉤ 무대 공연
   ㉥ 과학 마술 공연

16과 추억과 그리움

어휘·표현 1

1. 1) 반짝거린다　2) 걸리적거리지
   3) 가물거린다　4) 꾸물거려서
   5) 아른거린다　6) 두근거렸던
2. 겁쟁이였어요 / 울보라고 / 용감했거든요 / 엉뚱한 / 문제아라고

-았던/었던 것 같다

1. 2) 추웠던 것 같아요
   3) 힘들었던 것 같아요
   4) 마음이 따뜻했던 것 같아요
   5) 달랐던 것 같아요
   6) 명동이었던 것 같아요
2. (예시 답안)
   1) 방이 작아서 불편했던 것 같아요
   2) 친절하셨던 것 같아요
   3) 힘들었지만 재미있었던 것 같아요
   4) 여러 나라에 대한 책을 많이 읽었던 것 같아요
   5) 내용이 좀 지루했던 것 같아요

조차, -기조차

1. 시간 / 밥 먹기 / 문자 / 주말 / 눈 뜨기
2. (예시 답안)
   1) 물조차 못 마셨어요
   2) 인사조차 잘 안 해요
   3) 같이 있기조차 싫어졌어요
   4) 앞을 보기조차 힘드니까요
   5) 월세 내기조차 부담이 돼요

어휘·표현 2

1. 1) 올려놓으세요　2) 놀리곤
   3) 생생해요　4) 그리워져요
   5) 가렸는데
2. 세월이 / 단짝 / 시집가서 / 이런저런 / 잠길

-는/(으)ㄴ 척하다

1. (예시 답안)
   2) 재미있는 척했다
   3) 자는 척했다
   4) 도착한 척했다
   5) 가 본 척했다
   6) 재학생인 척했다
2. (예시 답안)
   1) 맛있는 척했어요
   2) 바쁜 척하지
   3) 일하는 척하면서
   4) 이해하는 척하면서
   5) 여자 친구가 없는 척해서

-던 때가 엊그제 같은데

1. 2) 한국에서 유학하던 때가 엊그제 같은데 고향에 돌아온 지 5년이나 지났다
   3) 매운 음식을 못 먹던 때가 엊그제 같은데 이제 매운

음식이 없으면 밥을 못 먹는다

4) 처음 피아노를 배웠던 때가 엊그제 같은데 피아노 대회에서 상을 받았다

5) 우리가 처음 인사했던 때가 엊그제 같은데 지금은 어디든지 같이 다니는 사이가 되었다

6) 이 집으로 이사했던 때가 엊그제 같은데 계약 기간이 끝나서 다른 곳으로 이사를 간다

2. 1) 같이 공부하던 때가 엊그제 같은데

2) 걷지도 못하던 때가 엊그제 같은데

3) '가나다'를 배웠던 때가 엊그제 같은데

4) 처음 만났던 때가 엊그제 같은데

5) 방학했던 때가 엊그제 같은데

듣고 말하기

1. 1) ① 얼마나 행복했는지 몰라요

② 화장실에 갈 때조차

③ 밤새도록 끝이 없었어요

④ 서로 바쁘게 지내다 보니까

2) ① 남자 친구조차 없는데

② 마음먹은 대로 되지 않더라고

③ 못 본 척했어

④ 얼마나 반짝거렸는지 몰라

읽고 쓰기

1. ㉠ 솔직하게 말하면

㉡ 걱정이 쌓여

㉢ 바람을 쐬러

㉣ 몸으로 느꼈다

2. ㉢

종합 문제 (09~16과)

어휘·표현

1. 1) 대기 오염이 2) 첨단

3) 버릇은 4) 범인을

5) 정신력이 6) 피해자에게

7) 동식물이 8) 줄거리가

9) 경기력이 10) 모범생이었다

2. 1) 뒤떨어져서 2) 가물거려서

3) 쫓아가고 4) 분리해서

5) 실종돼서 6) 의존해서

7) 시들어 8) 열중하고

9) 떠다니고 10) 북적거린다

3. 1) ④ 2) ③

3) ② 4) ④

5) ④ 6) ①

7) ②

4. 1) 다리를 놓아서

2) 발이 묶이는

3) 둘이 먹다가 하나가 죽어도 모를 정도로

4) 발등에 불이 떨어졌다

5) 손에 땀을 쥐게

5. 1) 윗물이 맑아야 아랫물이 맑다

2) 시작이 반이다

3) 같은 값이면 다홍치마

4) 낮말은 새가 듣고 밤말은 쥐가 듣는다

5) 말 한마디에 천 냥 빚도 갚는다

6) 말이 씨가 된다

7) 고생 끝에 낙이 온다

8) 가는 날이 장날

문법

6. 1) ③ 2) ④

3) ② 4) ④

5) ④

7\. 1) 처음 만났던 때가 엊그제 같은데

2) 고향에서 배운 것만으로는

3) 고마웠을 뿐이다

4) 울고 말았다

8\. (예시 답안)

1) 싸길래 사 왔어요

2) 가족이나 다름없어요

3) 어찌나 기분이 좋은지

4) 남의 떡이 커 보이는 법이에요

5) 안 아픈 척했어요

6) 참으려야 참을 수 없었어요

7) '반려동물'이란 사람과 더불어 살아가는 가족이나 다름없는 동물을 말해요

9\. (예시 답안)

1) 타고 보니 다른 방향으로 가는 지하철이었어요

2) 눈이 빠지도록 기다리고 있어요

3) 작년에는 덥더니 올해는 그렇게 덥지 않아요

4) 시작이 반이라고 지금이라도 빨리 시작하세요

5) 앞에서 교통사고가 났는지 길이 막히네요

6) 힘들지 않은걸요

7) 위험한 만큼 놀지 않는 것이 좋습니다

8) 건강하게 살자면 규칙적으로 운동하고 몸에 좋은 음식을 먹어야 합니다

9) 여간 재미있지 않았어요

10) 힘들더라도 준비해서 발표하도록 하세요

10\. (예시 답안)

1) 엄마가 아이를 씻겨요

2) 마키 씨가 간토야 씨에게 옷을 입혀 주고 있어요

3) 아빠가 아이에게 밥을 먹여요

4) 마키 씨가 세탁소에 옷을 맡겨요

11\. (예시 답안)

1) 집에만 있을 게 아니라 산책이라도 하세요

2) 제프리 씨한테 전화를 했는데 바쁜지 전화를 안 받네요

3) 버스하고 지하철이 다 끊겨서 지금은 택시를 탈 수밖에 없어요

4) 환경 문제 해결은 우리의 실천에 달려 있어요

5) 숙제를 한다든가 음악을 듣는다든가 해요

6) 너무 바빠서 밥 먹을 시간조차 없어요

워크북 mp3 목록

타이틀	단원	쪽
01-1	01과	12
01-2		12
02-1	02과	22
02-2		22
03-1	03과	32
03-2		32
04-1	04과	42
04-2		42
04-3		42
05-1	05과	52
05-2		52
06-1	06과	62
06-2		62
07-1	07과	71
07-2		71
07-3		72
08-1	08과	82
08-2		82

타이틀	단원	쪽
09-1	09과	99
09-2		99
10-1	10과	109
10-2		109
11-1	11과	120
11-2		120
12-1	12과	130
12-2		130
13-1	13과	140
13-2		140
14-1	14과	150
14-2		150
15-1	15과	160
15-2		160
16-1	16과	168
16-2		168